U0927580

中-加城市研究中心
China-Canada Urban Studies Center

# 城迹

URBAN FOOTPRINT

江苏凤凰教育出版社
Phoenix Education Publishing, Ltd

# 目　录 Contents

城迹 Urban Footprint





（封面图片由祁金平提供）

# 城迹
# Urban Footprint






Published by 主办 中–加城市研究中心

Editor–in–Chief 主编 周　宪　[加]罗伯·希尔兹

Executive Editor 执行主编 任　晖

Senior Editor 审定 孙兴春　江　鸣

Editor 责任编辑 俞　婷

President 出版人 顾华明

Publisher 总策划 王瑞书

空间是一切生产和一切人类活动所需要的要素。

——[德]卡尔·马克思（Karl Marx）

城市的空气带来自由。

——[德]马克斯·韦伯（Max Weber）

伟大的城市是无可争议的进步之家。

——[法]埃米尔·涂尔干（Emile Durkheim）

# 城市规划的典范之作：

## 德国弗莱堡

□彼得·霍尔

这座德国阳光最充足的城市拥有宜人的气候，冬天寒凉清新，夏天温和舒适。即使以德国其他城市的高标准来衡量，这里仍是一座非常有吸引力的美丽的步行城市，许多中心街道旁伴有独特的流水渠，它们穿插在二战轰炸后精心重建的中世纪建筑之间。在被城墙包围的中世纪老城外，位于城市西边的铁路线将外围的现代城市一分为二，使之成为有着优质规划的连绵紧凑的19世纪和20世纪的郊区，最终形成弗莱堡皇冠上的两颗明珠——沃邦和里瑟菲尔德。这两处都位于电车轨道的终点站，从终点站出发15分钟内能到达市中心。它们的外围有丰富的绿色空间：6 420公顷的森林，586千米的森林小径，408公顷的公园、绿化带和园地，甚至还有700公顷的葡萄园。这是一座古老的城市，其历史可追溯到1120年，当地公爵在这里建设了自由市场城镇（弗莱堡自由区）；1457年，奥地利人在这里建立了德国最古老的大学。

这一历史背景非常重要，因为位于城中的拥有2.1万学生的大学——比英国大多数大学更大，而且是城市和城市政治的主要参与者——像是一个磁铁，持续吸引着新学生和年轻的专业人士稳定地迁入。弗莱堡是巴登符腾堡州的一部分，该州是德国主要的、强大的制造业基地，州首府斯图加特是德国梅赛德斯奔驰公司总部的所在地。但弗莱堡本身并不是一座制造业城市，而是一座典型的21世纪知识经济型城市。这也是为什么巴登符腾堡州经济一般，弗莱堡却特别富裕的原因。尽管国有资本低于斯图加特，但弗莱堡的人均GDP比欧盟的平均水平更高。这一点也让这座城市变得很有意思，也许可以为其他可能走上富裕之路的城市指点迷津。

早在1984年，弗莱堡就任命了一名年轻的规划官员沃尔夫·达斯肯（Wulf Daseking），他后来在此地持续工作了近30年，直到2012年8月才退休。在很多地方，这可能会出现懈怠和平庸的领导人，而曾担任规划建设局局长的达斯肯（现在一所大学任系主任）却在这座城市中稳步发展了他的生态构想，并在这个过程中培养了一个世界城市规划师中很有才华而且很专业的团队，排名40强。这个构想很重要，因为在弗莱堡，一切建筑政策、规划政策、能源政策、废物处理政策都作为更广泛的整体的一部分与之协调。达斯肯不是全球家喻户晓的名字，即使在德国也不是，尽管应该如此。但是，他所呈现的东西绝对是特别的，结合了长远清晰的构想以及持续渐进的投入。

弗莱堡从以下方面入手来应对挑战，并探索出了一条成功之路。

### 促进经济增长

弗莱堡在科隆经济研究所2011年的经济排行

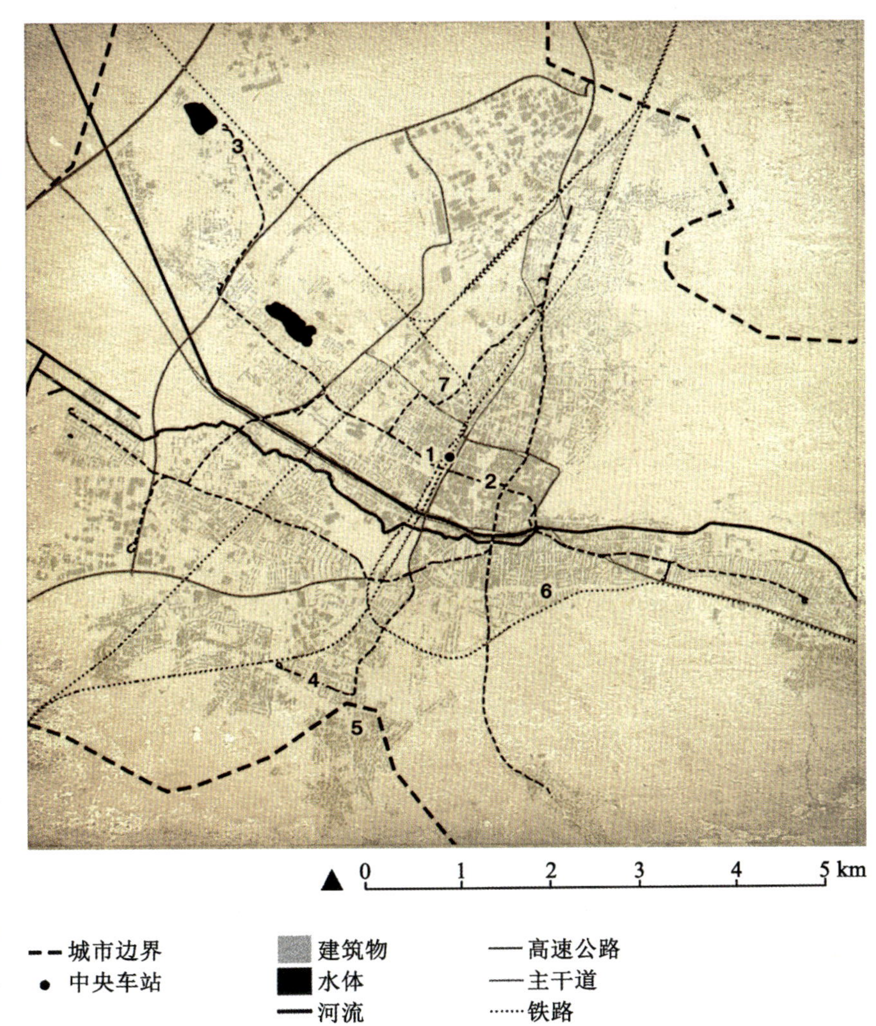

德国弗莱堡地图

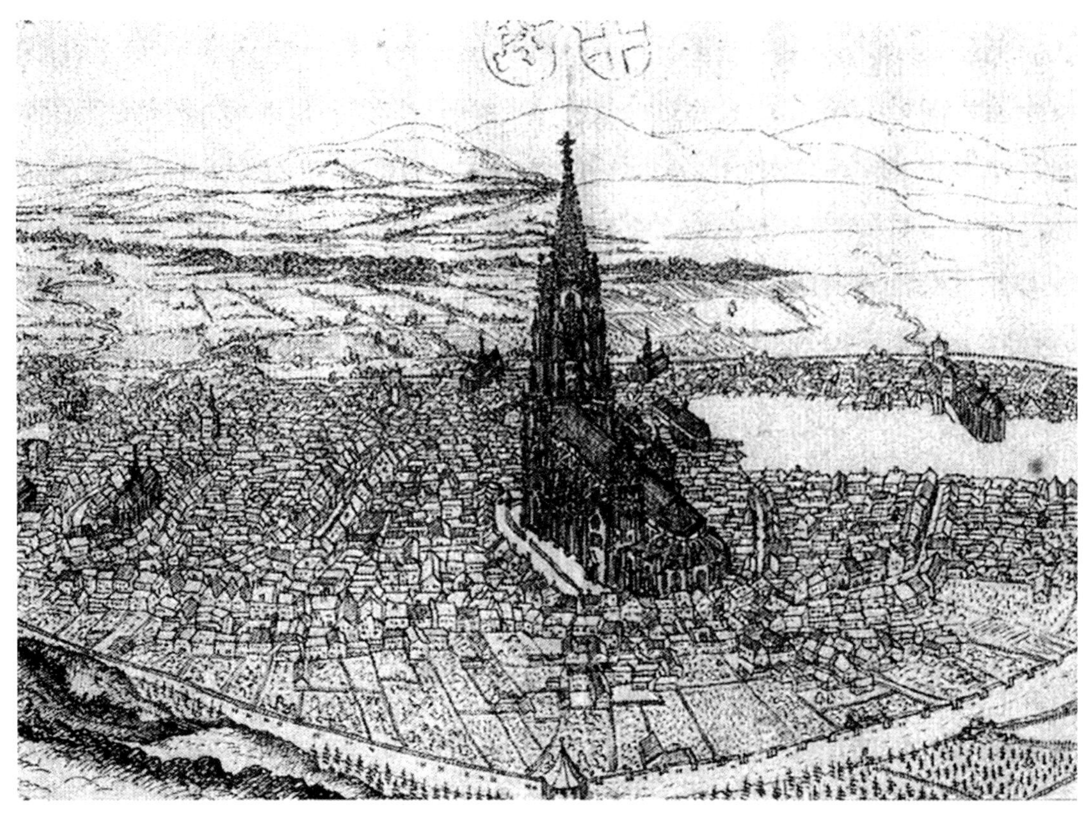

德国弗莱堡

榜上列第十四位，这主要归功于它强大的劳动力供应和良好的就业结构。到2011年，这个晋升为“绿色之都弗莱堡”的地区声称有1.2万个就业岗位，贡献了6.5亿的区域附加值（Green New Deal，2011）。

弗莱堡经济显著增长中的一条重要经验是，与大学及其他有吸引力的现代城市环境的创新研究相关的投资都是有回报的。另一条经验是对高水平的技术教育和培训的重视。值得注意的是，大学和市议会每个月都会开会讨论共同的问题。由于城市是如此的成功且富有吸引力，毕业生们往往愿意留在这里，所以对他们教育上的投资不会分散到其他地方。同时,这里的家庭负担是合理而无压力的，并能轻松就业，因此这座城市得以继续扩大。反之，优秀且忠诚的员工能使弗莱堡在全球知识经济的竞争中获得成功，同时最大限度地减少对环境的影响，这是一个良性的可持续增长的循环。

## 邻里社区友好的宜居住宅

显而易见，今天的弗莱堡能发展得如此之好，很大程度上归因于它是一座宜居城市。它曾被称为德国增长最快的城市，当德国其他城市已经萎缩时，这里仍以每年1%的速度扩张。为了跟上需求的增长，弗莱堡每年都要建设850—1 200户住房。

德国的住房市场有一个显著的特点，那就是出租公寓占主导地位，这有助于解释房价的低速上涨。相比德国城市平均70%的住房出租率，弗莱堡的住房出租率高达80%。沃尔夫·达斯肯认为建设满足未来需求的社区，是“年轻人能租到宽敞的公寓并且不用修剪草坪的社区”（Daseking，2009）。

总体规划的原则很明确。沃邦和里瑟菲尔德的构想都是实现低能耗的发展。这里没有高层建筑，这座城市做了一个关键的决定，认为高层建筑对家庭来说是不适用的，因为基本原则是家长可以在顶

楼呼唤他们的孩子。规划师们希望有丰富多样的公寓、有限的停车场、紧凑的城市和一个能用绿楔把人们聚集在一起而不是分开他们的布局。他们还希望限制建成区外围的开发以保护农业。这种构想在沃邦和里瑟菲尔德就是实现低能耗的开发。最高的建筑高度为12.5米，基本适合4—5层的结构（顶楼一直保留为储藏空间），适合家长照看他们的小孩。在新的居民区里，设计再简单不过了，一个“鱼骨”状的矩形网格街道和绿色公共空间，建筑——一些是联排住宅，其他的是公寓——与运行有轨电车的主街道平行或是与之成90度相交。

这是一个极其简单的规划概念：一条中央大道，附带有电车轨道、当地的商店和服务机构，两旁的住房周围都是绿色开放空间，类似伦敦广场，相互间通过狭窄的小巷般的街道隔开，供当地车辆通行。学校和幼儿园都设置在住宅区，靠近人们住的地方。汽车被禁止进入居住区，只在住宅区保留了与行人和玩耍的小孩共享空间的装卸场地。小汽车只能停在公共地下停车场或者外围的大型多层车库，促使人们选择更快、更便捷的有轨电车和自行车出行。

为了从一开始就实现社区参与，超过19个工作团队一起参与了城市土地利用规划，这个规划在2006年通过了审批。在为期超过六个月的时间里，技术官员参加了很多周末和晚上的会议，与各团队讨论所有的问题。里瑟菲尔德和沃邦的很多开发是由小型建造商和合作团体完成的，组建团队、指派建筑师、起草提案、筹措资金等过程不可避免地把人们聚集在一起，成功的社区项目能给予他们极大的利益回报。

沃邦的绿化区域

弗莱堡的合作团队建设模式越来越被认为是一种解决高质量的可支付住房供给难题的有效方法。

**促进公共交通，减少汽车使用需求**

弗莱堡作为德国的“环保首都”和最可持续的城市，以其在城市交通上的卓越革命而获此称谓，这完全与全球趋势相反。在过去的30年里，弗莱堡协调的交通和土地利用政策使自行车出行的数量增加了两倍，运输的乘客增加了一倍，并且汽车出行的比例从38%降低到了32%。自20世纪90年代初以来，机动化水平已经稳定，尽管经历了蓬勃的经济和人口增长，但交通所致的人均二氧化碳排放量已经下降了（Buehler and Pucher，2011，p.45）。

弗莱堡做得明显比上述还要好。1990—2006年间，这里的机动车拥有量没有增加，仍保持在420辆/千人，比2006年的德国人均水平低23%。1982—2007年间，弗莱堡汽车出行的比例从38%下降到了32%，在这期间，世界其他地方的汽车出行比例几乎都在迅速增加。同时，自行车出行的比例从15%上升到了27%，几乎增加了一倍，公共交通出行的比例也从11%上升到了18%。在弗莱堡，公共交通、自行车和步行结合的出行比例达68%，比北美城市高2—3倍，比德国其他城市高10%—30%（同上，pp.49—51）。因此，弗莱堡是一座安静的城市，来自剑桥的一位议员说，在那里，“你能听到鸟儿在唱歌”。

弗莱堡极具竞争力的公共交通系统是一个长达3 000千米的轻轨、公共汽车和城市铁路的网络，由区域运输协会运营。这一系统的使用度很高，而且几乎不需要补贴，这在一定程度上要归功于城市紧凑的形态。车票箱的收入达到了运行成本的89%，这个比例比德国或欧洲的其他地方都高。

因此，弗莱堡作为一座短程的“社区”城市，沃邦和里瑟菲尔德只是其中的两个代表。它们有不

里瑟菲尔德中轴线

同类型的居住空间，贫富阶层混合，学校、文化中心、商场和休闲场所都在短程的步行可达的范围内。达斯肯热切地相信，这个由免费的公共交通系统紧密联系的、分散但融合的、社会稳定的城市模型代表了21世纪欧洲城市的未来。

## 保护环境和自然资源

作为一个“绿色之都”，弗莱堡的国际声誉不仅被用于打造城市品牌、吸引游客和学生，还得到了越来越广泛的应用，如建造商和投资者从示范项目中学习以更快的建设和入住速度来获取环保措施的回报。

沃邦推动了一大批这样的创新方案，例如使用太阳能为办公室降温；罗尔夫·迪施（Rolf Disch）为自己建造的向日葵式早期建筑，总是迎着太阳转动。早期的生态先锋们分享着共同的价值观念，包括关于公民承诺、集体建设和有生态意识的生活。

弗莱堡大部分的能源通过本地化生产降低了碳排放量和供暖成本。这里有15个中型和大型供热厂，它们以一种生态环保和经济的方式，同时供应城市一半的能源和热能需求。

作为欧洲阳光最充足的地方，弗莱堡已经率先从光伏电池板提升到太阳能。有几百个项目为游客提供了另一种吸引力。最令人印象深刻的是火车站旁一大型写字楼侧面已安装了太阳能电池板，并被转换成了一个发电站。虽然目前生产的可再生能源只占城市电力消耗的10%，但目标是太阳能在城市能源供应中超过20%，而且很可能达到40%。

现在，国家以馈网电价制度支持可再生能源，这使得小生产商以平常价格的两倍将剩余的电卖回给电网。这提供了一个不超过12年的投资回收期。这个激励机制建立在对能源生产商的税收基础上，被视为未来德国经济的关键领域。因此，大部分人都以这种或那种方式努力节约能源。

城市还通过减少浪费来节约能源。主要的原则是在源头上避免浪费，例如通过回收包装材料。生活垃圾已经按硬纸板、纸屑、有机物和其他四个不同的容器进行分类和收集，再加上居住区有其他材料的回收场地，如回收家具、玻璃、花园废物和有害物质。这些和收储一起，都分布在新开发区的公共区域。因此，经过17年，垃圾量已经减少到了原来的1/6，到2012年，每个住户的垃圾量为114千克/年。仅靠残渣焚化，一个工厂就能供应七个城市和农村地区2.5万户家庭的用电（Stadt Freiburg，2012）。

在应对气候变化时，水成了最大的长期的难题，弗莱堡生态雨水管理尝试避免过多的路面排水，如在建设规划中整合透水表面和绿色屋顶。它整合了新建区域的渗流区，由于沃邦的污染要求去除所有的表土层，因此，水在流入边缘的小河前，被认为可以局部地去除污染物。里瑟菲尔德的可持续城市排水系统支撑起了河流和池塘，并为居民区增加了吸引力。因此，尽管以郊区标准来看，这里的密度相当高，但感觉就像遍布于城镇之中的一个村庄。

弗莱堡是一座臻于完美的城市，它应对了经济、住房、交通、环境各方面的挑战，并在每个领域都做到了最好。

（袁媛译）

**作者简介：**

彼得·霍尔（Peter Hall，1932—2014）爵士，当代国际最具影响力的城市与区域规划大师之一，曾任伦敦大学规划与更新领域的巴特列特教授、城乡规划协会和区域研究协会主席、英国社会研究所所长、英国皇家科学院院士和欧洲科学院院士。霍尔一生著述丰富，出版过《世界城市》（*World Cities*）、《明日城市》（*Cities of Tomorrow*）、《更好的城市：寻找欧洲失落的城市生活艺术》（*Good Cities, Better Lives: How Europe Discovered the Lost Art of Urbanism*）等多部富有影响力的著作。

# 构建具有地方特色的经济发展规划

□凯文·E.琼斯

当今，在全球各地，我们大多数人都生活在城市或者城市周边，城市-区域正在不断扩张，并——在多数情况下——逐渐聚合在一起。传统的城镇之间、城镇与乡村之间的界线正在渐渐消失。并非只有地图上的线条在发生变化，千变万化的人口流、商品流、资本流和知识流也在改变我们赖以生活的社会与文化景象，而这些变化伴随着我们一生。

人类对城市扩张过程和城市生活日益突出的重要性的关注由来已久。早在19世纪末，帕特里克·格迪斯（Patrick Geddes）这样的规划学者就已经开始聚焦于“集合城市”问题——即大型的房地产开发和工业增长引起的大都市地区的融合。格迪斯涉及的主题对今天的城市-区域而言并不陌生，他所描述的区域集聚具有以下典型特征：经济的相互依赖、资源的激烈争夺（尤其是水资源）以及绿色空间和乡村环境的逐步丧失。

格迪斯主要关注比邻都市的融合，然而今天的城市-区域也是社会、经济和环境关系全球化网络的一部分。城市规划者和市政决策者不仅要意识到自己的城市处于更大的全球网络中，还要将这种意识与需求评估和当地的社区特性结合起来，从而作出规划和决策。

## 城市-区域的新焦点

这样的全球化背景给城市-区域和社区带来了巨大压力，也把规划者和市政官员团结在全球化这面旗帜下。正如联合国负责人类居住问题的机构——联合国人居署（UN-HABITAT）——在2009年年度报告《规划可持续性城市》（Planning Sustainable Cities）中所言，城市化和全球化的发展已经超出我们规划和治理这些新城市空间的能力范围。可以预见，城市-区域将驱动国民经济的增长。事实上，在无所不在的全球竞争力话语中，城市-区域是中心舞台；在这样的话语中，对城市中心的比较和评级常以经济效益、生活方式和宜居性为标准。城市-区域也被想象成全球创新网络和知识交换网络的重要节点，市政规划者日益面临着大量紧迫的环境挑战。于是，城市-区域正在成为一个中枢，它所关涉的与未来有关的机遇与风险正在日益凸显。

一些规划学者认为，不断演变的区域背景意味着治理上的“尺度重构”或“再区域化”。除了传统的行政角色和服务功能之外，城市-区域正在承担新的责任，这些责任曾经是较大的州和国家政府的专门职责。例如，地方环境管理工作的传统职能延伸至更广泛的生态系统管理和风险释放，今天的规划学者们会发现自己正在致力于碳减排或洪水管理等工作，或者正在应对前所未有的大量的人类废品问题。

加拿大埃德蒙顿 / 玛丽・圣・杰曼-布朗

加拿大麦克默里堡 / 戈德・麦肯纳

## 地方背景下的全球战略

2010年6月，城市–区域研究中心（the City-Region Studies Centre）在埃德蒙顿主办了以经济发展为主题的研讨会——“区域塑造”。这次研讨会开启了一场重要对话，探讨地方发展决策如何满足地区居民的需求，以及如何应对全球背景和挑战。由阿尔伯塔大学和埃德蒙顿首都区域委员会协办的这次研讨会聚集了众多国际规划专家，同时到会的还有很多社区领袖。

与会代表们面临的一个反复出现的挑战，是创建地方认知的基础，进而开发更多全球性战略。大会主题发言人约翰・哈里森（John Harrison）博士是英国拉夫堡大学的一名讲师，他告诫大家要注意避免将其他城市–区域模式强加于本地区的倾向。咨询顾问和学者通常从普遍意义上探讨城市–区域，或者推崇某些特定的城市治理和发展模式；而哈里森则警告说，一座城市的经历很少能够成功地映射其他城市的需求，以“羡慕的目光”看待其他的城市–区域，无法为本地成功的经济发展规划奠定基础。他呼吁把对地方背景的理解放在规划学科要求和任务的核心地位。

卓有成效的经济发展规划，必须依据地方背景和社会经济情况来转化外部的经验和专门知识。小组成员迈克尔・格拉斯（Michael Glass）博士是美国匹兹堡大学的一名讲师，他的观点是，每一个城市–区域都有自己独特的经历和需求，每一个城市–区域在发展基础设施、制定政治制度和孕育地方文化，乃至确定城市规模和人口的时候，都必须应对与其他地方截然不同的问题。格拉斯还指出，规划者及更广泛的社区要吸取的教训是，我们应该强调聚焦于过程的重要性，而不是将注意力放在所期望的结果上。过程包括以下几方面：与社区接洽、开发透明的工作实践及了解不同社区理解成功的不同标准。我们可以建构发展蓝图，但是要认识到这些蓝图是不完整的，它们只是对于发展在某一具体时刻的特定阐释。正如格拉斯博士所言：“我们制订了路线图，但是这次旅行没有目的地。我们只能希望此时此刻行进在最好的高速路上。”

### 常被忽视的重要参与者

将焦点转换到地方背景和过程所产生的重大影响是让经济发展和规划扎根于“社区”。这在城市–区域的言论和实践中似乎显而易见，但是本地社区对未来的需求和愿望常常被忽视，或者会被关于发展性质的种种假想所左右。经济发展讨论通常集中于硬经济事实这样的言论，也会论及市场布局、全球竞争力和创新。与此相似，治理过程倾向于关注政治界限、基础设施、通勤距离等方面的问题。但是假如我们关注这些过程中的每一步骤，而不只是注意关于经济发展的话语，我们就能发现社区的作用。这可以让我们认识新的“公众”范围，其中有地方组织、企业家、商业协会和金融机构乃至各色民众，他们是城市–区域成功发展的重要资源。

在经济发展规划中吸纳这些参与者体现了良好治理的民主价值。研究显示，参与、开放和透明的政府决策能够产生更强的合法性、公信力及社区凝聚力。这是美国特拉华大学的助理教授拉希姆·贾巴尔–贝（Raheemah Jabbar-Bey）博士在研讨会上提出的观点。她敦促与会代表要清醒地认识到一点，即让公众参与规划过程的益处在于引导我们制定更好的政策。例如，传统的经济规划方式只注重市场改革，市民仅仅被看作市场参与者，但有市民参与的过程可以包含对于公平的讨论以及对于市民是如何理解、获得并共享利益的讨论。社区参与让人们思考这样的问题：谁是发展的受益者？发展如何才能为整个社区服务？包容性规划也要发展富于成效的跨部门之间的关系，以便共享知识和技能，并激励团结和合作。鉴于城市–区域所面临的复杂的政策问题范围正在扩大，如何利用社区多方面的专业知识和经验能力，渐渐成为现代治理中一个必不可少的方面。

显然，地方背景十分重要。19世纪末20世纪初，格迪斯认为当城市景观发生变化时，规划者和市级政府有责任去适应这一变化。如今，为了有效应对当今世界社区所面临的诸多挑战，社区必须认清自己的特色和背景。只有这样，社区才能在地方层面采取有意义的行动，致力于建设平等和宜居的社区并实现社区的可持续性发展，为社区公民提供长期和共同的社会与经济利益。“全球化思考，本地化行动”，很好地诠释了这一挑战——毫无疑问，这一思想的提出应归功于城市规划师格迪斯。

将焦点转换到地方背景和过程所产生的重大影响是让经济发展和规划扎根于“社区”。

（刘淑红译）

**作者简介：**

凯文·琼斯（Kevin Jones），阿尔伯塔大学城市–区域研究中心助理研究员，同时受聘于阿尔伯塔大学乡村经济系。他近期的研究聚焦于环境政策制定和风险管理领域的专业化发展。

# "区域塑造"研讨会

地点：阿尔伯塔大学利斯特会堂

2010年6月25日，城市-区域研究中心展示了加拿大及国际区域经济发展领域一流的发言人阵容。"区域塑造"研讨会给本地决策者和社区领导提供了一个良好的机会，使他们能够一起探索区域经济的最佳实践，并讨论如何将这些实践融入地方背景。研讨会开启了一次重要对话，促进了首都区域委员会贯彻执行首都区域经济发展蓝图。当天会议内容总结发布于网站http://www.shaping-our-region.ca。

## 会议发言

**城市-区域是经济发展的重要场所**

英国拉夫堡大学　约翰·哈里森

**首都区域经济发展蓝图**

首都区域委员会　凯思琳·列克莱尔（Kathleen LeClair）

**经济发展蓝图中的科学、技术和商业化：法国和瑞典案例研究**

合作经济　特蕾西·格罗斯（Tracy Grose）

**通过区域治理谋求全球竞争力：奥克兰和匹兹堡之比较研究**

匹兹堡大学　迈克尔·格拉斯

**努力走出联邦政府的阴影：渥太华市的区域经济发展**

渥太华大学　卡洛琳·安德鲁（Caroline Andrew）

**大金马蹄区域经济规划**

米西索加市市长　黑兹尔·麦卡里恩（Hazel McCallion）

**非政府参与者在区域经济发展中的角色**

特拉华大学　拉希姆·贾巴尔-贝

## 会议总结

西方经济研究中心　詹森·布里斯布瓦（Jason Brisbois）

阿尔伯塔大学　卡尔·阿姆赖因（Carl Amrhein）

# 分论坛讨论

**社区、公民权和宜居性**

阿尔伯塔大学　迈克尔·菲尔（Michael Phair）

埃德蒙顿社区基础基金会　马丁·加伯–康拉德（Martin Garber–Conrad）

阿尔伯塔大学　罗伯·希尔兹

**环境、能源和资源**

城市–区域研究中心　凯文·琼斯

合作经济　特蕾西·格罗斯

阿尔伯塔市政府　贝弗利·易（Beverly Yee）

阿尔伯塔大学　黛博拉·戴维森（Debra Davidson）

**基础设施、住房和土地使用**

英国利物浦大学　亚历克斯·洛德（Alex Lord）

克里斯滕松发展公司　格雷格·克里斯滕松（Greg Christenson）

艾益康设计公司　戈登·莫尔纳（Gordon Molnar）

RKP咨询公司　理查德·帕克（Richard Parker）

斯坦泰克设计公司　西蒙·奥伯恩（Simon O' Byrne）

**创新、知识和适应性**

阿尔伯塔省创新项目组　盖瑞·阿尔巴赫（Gary Albach）

埃德蒙顿科技企业孵化器　克里斯·卢姆（Chris Lumb）

埃德蒙顿商会　马丁·萨卢姆（Martin Salloum）

卡尔加里大学　艾伦·斯马特（Alan Smart）

**人口、公平和包容性**

阿尔伯塔大学　凯尔·惠特菲尔德（Kyle Whitfield）

密得萨斯大学　戴维·艾瑟林顿（David Etherington）

加拿大服务署　司各特·弗格森（Scott Ferguson）

埃德蒙顿社会规划委员会　约翰·科尔克曼（John Kolkman）

**主办方和主持人**

城市–区域研究中心学术总监　罗伯·希尔兹

阿尔伯塔大学继续教育学院职业项目经理　科里·温特泽尔（Corey Wentzell）

**协办方**

首都区域委员会　阿尔伯塔大学

# 区域思维：区位导向型政策

□罗伯・希尔兹

区域类型和规模问题再次被提上政策议程，究其原因，灾害、日常污染等环境问题均是驱动因素。这些问题已经引发了公众对新能源、环保等事物的关注，以及对迈向绿色社会的切实可见的行动举措的需求。即使大多数人对标语式的“可持续性”一词的内涵知之甚少，但是仍然可以从公众对该词的广泛共识中发现这一转向。区域政策协调通过扩大基础设施建设规模，使轻轨建设等更多对环境和社会可持续发展项目具有可行性，以应对环境和政治压力。同时，区域策略通过拓展解决交叉学科和交叉管辖方面问题的路径，切实提升方案的有效性。综合生态系统管理和水利局是其中两个很好的例子。区域思维为认清和解决当前更大规模和范围的紧迫问题提供了扩展能力和资源。

区域问题重现的另一个推动力，是为了在扁平化全球注意力经济和创新经济中获得竞争优势，各地开始尝试地方特色建设和“品牌”建设，而上述两种经济形式也是被许多经济学家和开发者热捧的。乡村旅游创意活动尤其符合这个建设思路。例如，以特色旅游体验的方式推广原本脆弱的单一产业区域经济，比如农业观光，尤其是酿酒业观光。区域策略一方面确保了影响力在可控范围之内，另一方面确保了利益由邻居共享。

## 区域的界定

如果“地方”具有文化性和主观性，那么区域则带有政治和行政区划的色彩。地方具有经验指称的意义：这个地方，那个场所。区域是一个地理概念：一片陆地或一块领土。从根本上来说，区域具有政治意义，且难以弱化为一个我们摸得着看得见的单一性物体，它必须通过构想来形成。芬兰地理学家安西・帕西（Anssi Paasi）认为区域是土地的划界，是一个处于持续紧张和竞争的过程。德国社会学家乌尔里希・贝克（Ulrich Beck）赞同此观点。而水域则是确定无疑的（或者至少不具争议性）区域，原因在于水域的界定只需人们指定一

条河流就自然而然地划定了范围，无需再通过有争议的阐释来界定。相关从业者应铭记不同学科之间的重大差异性。针对区域具有文化特征还是自然特征这个问题，即区域是社会建构的结果还是自然环境，政治科学、地理学与历史学、人类学的观点是存在分歧的。

城市–区域研究中心的策略是承认区域界定的两种版本——在概念界定法（从语言、历史、习俗等出发）和水域这样的共享自然环境界定法之间找到一个平衡点。我们发现，最有实力的区域，既具有文化性和经济性，也具有自然性和生态性。

## 区域和区位导向型政策

社会学家对区域的兴趣堪比政策研究者对“区位导向型决策制定”的兴趣。在这个政策模式中，所有相关行政辖区和政策制定者共同就某一地区的问题进行政策协调。“区域思维”通过打破城市、郊区和周边郡之间的界线来开展协调工作，因此为可持续发展提供了一条路径。然而，区域思维需要实体操作、具体对象以及让区域观念和政策得以贯彻并以物质生活方式加以呈现的现实环境。在这方面，跨机构委员会提供了一个简单案例，另一个案例则是在政策制定时区分城市项目和农村项目。由此可见，区域策略不仅能避免重复政策和相互牵制的矛盾政策的出现，还可以确保社会事业或廉价住房辐射到整个区域，而不限于部分社区。更具体的区域策略包括设立制度化机构，用于落实综合生态系统管理和发展联邦政府、州或省、市政当局等不同层级之间的正式合作关系。区域作为制定区位导向型决策的适当地理尺度，便于公民和利益相关者参与决策过程，制订出适合区域发展的规划，并且增加方案的灵活性。

按照主流的新自由主义的定义，如果国家是区域经济、区域生态系统和区域文化的聚合产物，那么社区应该能够发现并满足居民的不同需求，创意活动也应该能够实现跨辖区合作。对加拿大这样的大国来说尤其如此。加拿大面临的挑战在于通过和地方维持紧密关系，实现“因地制宜”，这有利于区域内的任何合作关系。然而，正如米西索加市市

**全球城市郊区化：** 该项目研究城市增长以及郊区发展对政府系统和基础设施的需求。

**小型商场的复兴：** 该研究调查如何通过现有城市和郊区零售区的复兴，支持对环境和社会的可持续性以及本地社区的发展。

**合作、管理和能力建设：** 研究者设法了解社区并帮助社区推进文化发展和合作实践。

**社区创新：** 研究探讨科技创新和社区的关系。

城市–区域研究中心是阿尔伯塔大学的研究部门。该中心通过参与社区事务来探索小镇、城市和区域的本质。更多信息请邮件联络crsc@ualberta.ca。

长黑兹尔·麦考利恩在城市–区域研究中心“区域塑造”研讨会上指出的，加拿大市政当局不仅缺乏足够的资金，还缺乏应有的地位和权限，以至于它们无法成为省级政府或联邦政府的真正合作伙伴（资料可参阅网站：http://www.crsc.ualberta.ca）。

“瘦身”后的区域机构组织如董事会和联盟已在不同范围内发挥作用，前提条件是有一套强有力的程序性法规来弥补拥有行政管辖权的地区级政府的缺席。欧盟是以最大尺度实施该政策的例子。

在城市及其周边，区域策略可以扭转把郊区化从城市共同构想和城市发展政策中分离的趋势。郊区通常被相邻城市兼并或合并，而本该提供给核心城市服务和中心区振兴的费用被分摊给更多的群体，无疑给政府增加了压力。兼并或合并导致出现身份缺失、郊区生活丧失以及赋税等自主权丢失等类似的担忧。不过，城市–区域研究中心的研究表明，如果区域合作关系能在各城市之间用心经营，就不会造成身份的缺失。历史不会突然消失，虽然区域合作关系存在争议，因为它倾向于把利益冲突公开化，但是也比合并更加可取，因为合并通常只是简单掩盖城市与郊区的重要差异以及难以化解的纷争，而不是承认问题并着手解决问题。

（陈淑莹译）

**作者简介：**

罗伯·希尔兹（Rob Shields），加拿大英联邦学者，阿尔伯塔大学托里首席教授、阿尔伯塔大学拓展学院城市–区域研究中心主任、SSCI期刊《空间与文化》（Space and Culture）创刊主编。希尔兹教授一直致力于城市空间与文化研究，有《重读让–弗朗索瓦·利奥塔》（*Rereading Jean-Franois Lyotard*）、《揭秘德勒兹》（*Demystifying Deleuze*）等合编著作，以及《列斐伏尔：爱与斗争》（*Lefebvre: Love and Struggle*）、《边缘处的地方》（*Places on the Margin*）、《空间问题：文化拓扑学和社会空间化》（*Spatial Questions: Cultural Topologies and Social Spatialisations*）等专著。

# 螺旋式上升：

## 地方政府和乡村政治设想

□罗杰·埃普

阿尔伯塔短暂而特殊的政治史足以充分显示出地方政府的现状。1935年，当选的社会信用党——曾承诺带来繁荣并让人民远离政治——快速合并了小型政治流派和市辖区，这些行动（与联合机构一道）成为先锋社会在乡村地区践行创意行动和建设民主文化的举措。然而历史再次证明，地方政府的治理权随着中央集权的加强而相应减弱。直到最近几年，借由阿尔伯塔乡村地区本地创意活动的兴起，权力才重新回归地方政府。这些创新社区发展项目标志着在全省范围内重塑地方政府角色的开端。

在社会信用党执政后数十年，克雷恩（Klein）领导下的省政府通过实施债务减免和经济发展，进一步削弱了地方政府的权力。公共服务被整合到大型中心，卫生和教育部门被区域化，市政当局的财政、立法和土地使用规划权被削弱。乡村政府机构因规模太小而导致效率低下，理所当然成为了合并的对象。这些政府还经常被认为易受地方居民的情感左右，在涉及大规模项目时信任当地居民们的决策，比如猪圈项目已获得了省政府的大力支持，希望能在竞争激烈的全球经济中创造就业机会。

无论哪种情况，无论这些领导是否经选举产生，他们的领导力都起着决定性的作用。

事实上，当时大多数市政当局并没有提出太多异议，尊重民意已经是习惯性的反应。对处于城市化进程中的阿尔伯塔来说，一些地方注定会成为新的娱乐休闲场所，另一些地方则面临税收收入缩减、老龄化以及流动人口增加等挑战，地方议会通常只能屈从于并不理想的现实选择，倾尽力量吸引投资者。除此之外，出路在哪里？

这就是不久之前阿尔伯塔乡村以及相当一部分加拿大乡村地区的现状。2004年，一份由立法院议员牵头的特别小组撰写，副标题为“充满机遇的土地”的报告，承认“阿尔伯塔优势”的辐射力不曾越过2号公路走廊。报告中说许多社区“濒临消失”，并指出“可持续”发展需要加强对乡村生活的社会、经济、环境和文化基础的再投资。这份报告可能没有如作者所期望的那样产生广泛的政策影响。显然阻碍乡村社区发展的大规模政治经济力量并没有消失。乡村地区依旧受制于巨大的发展压力，受制于其他地方的决策，受制于满足食品、能源供给和城市增长的需要。然而在过去的十年里，很多方面发生了重大的变化。

今天，在合作社、重大决策制定以及和原住民

巴特尔河铁路 / 塔米娜·米勒

社区的合作中，我们看到了向地方政府赋权转变的迹象。地方赋权转向的第一个案例，是乡村居民们表现出惊人的活力，他们自力更生，不理会“宿命论”或者“毫无希望的经济发展方式”之说。当所谓“有全球化背景的投资者们会来保障社区的未来发展”的希望也破灭之后，用以维护重要基础设施的新的经济合作形式出现了——并且，这种合作牢牢地掌握在当地人手中。一个例子是由生产者拥有所有权的维斯特洛克镇粮食中转站。另一个例子是成立巴特尔河铁路合作社。农民们从加拿大国铁手中收购了即将作为废钢铁出售的80千米短程铁路，然后购买了火车机头，签订送货合同并学习证券法，作为志愿者的农民们还学习了必要的安全课程。他们建造铁路侧轨的同时，加强了对铁轨的维护。今年他们将运出2 000车皮粮食。他们的举动不但挽救了这条短线，而且帮助粮食生产者在快速整合的行业中占据了市场份额，减轻了公路压力，为沿线小型社区创造了包括旅游业在内的新机遇。

地方赋权转向的第二个案例，是乡村政府当局进一步参与社区规划和决策制定。2005年加拿大和阿尔伯塔之间达成了划拨联邦汽油基金的协议，部分城市以制订社区可持续发展综合规划作为交换条件抓住了这个机遇。“可持续性”一词，其宽泛而模糊的定义，为反思乡村未来发展拓宽了思路。以沙文镇中东部地区为例，村委会启动了一个以村民为主导的特别项目，即明确自身优势，确定可实现目标，甚至探讨与附近小镇

合作共建老年居民的保障住房。类似这样的做法值得在全省范围内推广。

大约在同一时期，阿尔伯塔政府再次提出区域和水域规划的概念，以及在多城市辖区范围内进行累积环境影响评估。“首都区域发展规划”是其中的一个实践案例。尽管这些规划进程并不完美，但为研讨提供了一个平台，让政府和公众在气候变化、能源消费增加、食品安全问题以及野生动物的生物多样性等背景下共商社区未来发展，而不只是不惜代价求生存。

地方赋权转向的第三个案例，是部分地区乡村的概念正在被重新定义，原住民社区也被纳入其中。这个定义的演变或许是最引人注目的，因为一代又一代的原住民和移居者之间的典型关系是不相往来和剑拔弩张的。如今，韦塔斯基文的入城欢迎标语用上了克里语和英语双语，下辖的郡和市与马斯克瓦斯的四个原住民社区签署了互助协议，标志着该转向已取得重大进展。此外，由于参与人数众多的“沟通之桥”活动增加了原住民社区对寄宿学校学习生活的了解，2014年3月，韦塔斯基文市议会在真相与和解委员会的最终全国听证会上宣布2014年为“和解年”。在听证会上，市长也作为荣誉证人出席。

上文所述是阿尔伯塔乡村地区地方赋权转向的几个新案例。无论哪种情况，无论这些领导是否经选举产生，他们的领导力都起着决定性的作用。正是这样的领导力引领了社区发现问题、提出问题，开启真诚对话、寻找共同点、建立联系、发现利益相关之处，并能勇敢地采取一些出乎意料的新举动。

虽然举步维艰，但在被简·雅各布斯（Jane Jacobs）称之为“螺旋式上升”（螺旋式下降的对立面）的阿尔伯塔乡村地区，这样的开端证实了重塑地方政府角色的可行性。这一转向也使该地区进入了良性循环。它们同时说明了市政府面对的短板未必是法律、财政或者技术能力层面的问题，而是地方政府可以做什么以及扮演什么角色的问题。

（陈淑莹译）

---

**作者简介：**

罗杰·埃普（Roger Epp），阿尔伯塔大学政治学教授。他的主要著作有《我们都是协约中人》（*We Are All Treaty People*, 2008）。他的《可持续社区的渐进式激进主义》一文被收入作品集《采取下一步行动：加拿大乡村地区的可持续发展规划、参与和公共政策》（*Taking the Next Steps: Sustainability Planning, Participating and Public Policy in Rural Canada*）。本文部分内容节选自《可持续社区的渐进式激进主义》的结论部分。

# 加拿大中部走廊
# 快速发展的资源型地区规划

□杰森·索恩

大约50年前，加拿大中部走廊就开始成为规划者谈论的话题之一。这条走廊覆盖面积广，包括从纽芬兰与拉布拉多省延伸到不列颠哥伦比亚省和育空地区，从北部边界现有居住区（加拿大-美国边界以北300—500千米范围）延伸到树线的区域。走廊概念的支持者认为，这条走廊是大多数加拿大土著居民的主要生活区，适宜的气候条件和有利的地理位置可以支持未来的开发。而且，该走廊蕴含丰富的矿藏资源，拥有优质的水源、水力发电资源和土壤资源。如果精心规划，中部走廊有望为建设更强大富有的加拿大贡献力量。如今，这里是众多新项目的实施地，其中包括矿藏、能源、交通和规划等创意项目。

区域尺度的规划着眼于解决跨市辖区的问题，比如调控人口增长、指导未来实体开发、保护主要自然系统、规划基础设施需求等。加拿大在这个尺度上的规划拥有特别悠久的历史。无论是安大略省的“大金马蹄增长计划”，还是“大温哥华地区的区域发展战略”，区域规划工作通常在快速发展的城市区域实施。然而，区域规划不仅仅在城市区域非常重要，而且在“新兴城镇”区域也发挥着重要作用。由于资源开发活动的深入，这些城镇正处于快速发展阶段，比如中部走廊的城市。

### 资源型地区规划面临的挑战

每个区域都有其复杂性，但规划人员在快速发展的资源型地区开展规划工作时会面临格外严峻的挑战。这些地方位置偏远，各项服务不到位，所在社区的人力财力资源不足。区域规划最基本的要素之一是人口和就业岗位预测，但这些地区远比城区要难得多，而且更依赖诸如商品价格和产业发展周期等外部因素。与相对成熟的城市的规划相比，这些地区也缺乏其他重要资料，比如自然特征映射和现有基础设施容量。

资源型地区规划还必须根据不同的成长和发展阶段进行调节，从探索阶段的适度增长到建设性的“快速发展”，再到更稳定的长期运作阶段。更为复杂的是区域改造的重要决策，如新道路的排列和工人住房地点等，往往由私人企业而不是关注公共利益的政府决定。这些区域的规划必须满足现有居民、新居民和临时工的需求，还得频繁面对种种不确定的社区因素甚至抵触情

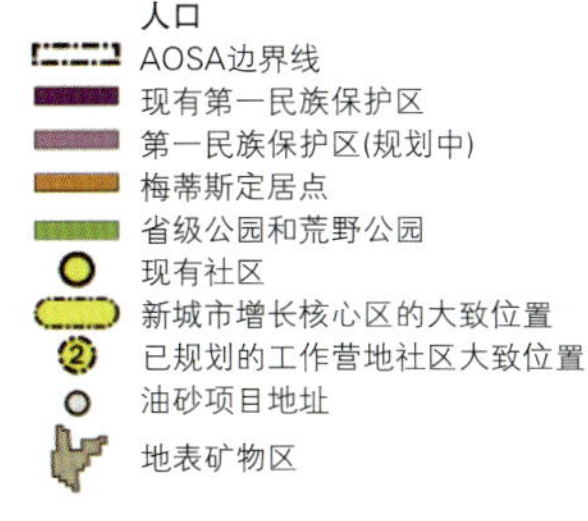


交通
公路
通往区域外的交通网（规划中）
快速公交系统
货运铁路
通勤延伸段/货运铁路延伸段（规划中）
新机场/升级后的机场
现有公用机场
现有私人机场

水利基础设施
全新升级后的水处理厂
全新升级后的污水处理设施
区域供水区

民用基础设施
学校（可容纳更多学生）
更大的健康服务空间

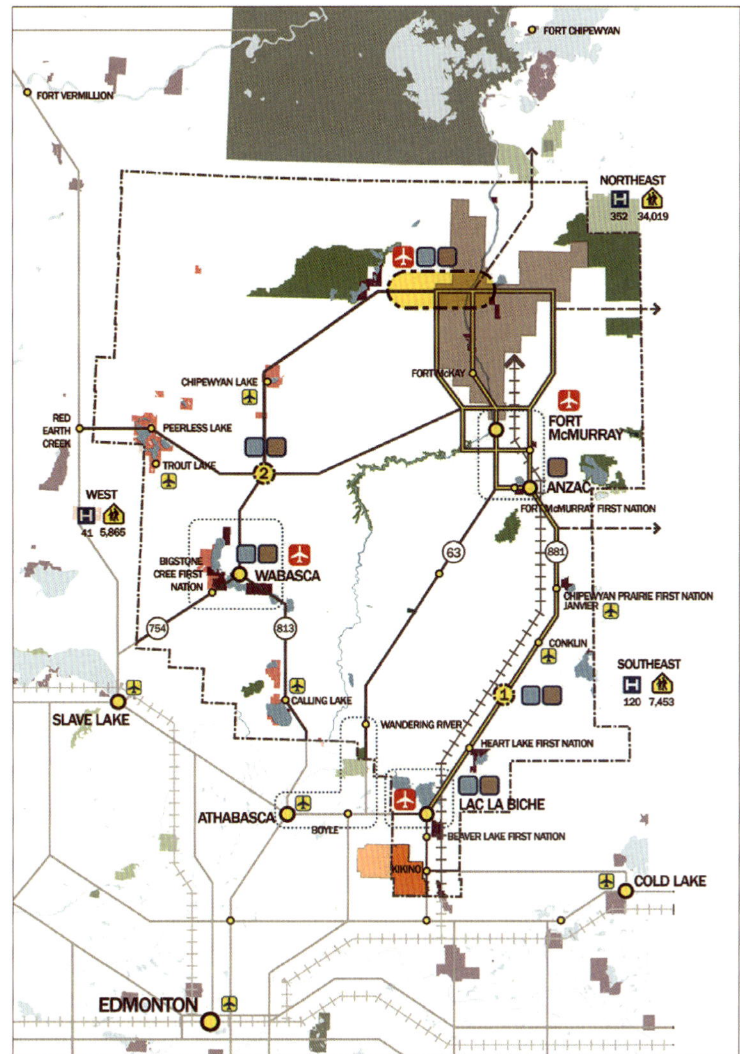


2011年，加拿大阿尔伯塔省政府为阿萨巴斯卡油砂地区制订的“区域基础设施可持续发展综合规划”。

绪，包括土地使用纠纷。如今加拿大很多地区都面临这些挑战，如巴瑟斯特茵莱特（钻石、锌、铜、银矿），巴芬岛（铁、金矿），北阿尔伯塔地区（油砂），萨斯喀彻温省（碳酸钾），贝壳湖（金、铀矿），安大略省的火环（铬铁矿）以及纽芬兰与拉布拉多省（铁、镍和近海石油），这些仅仅是加拿大目前正在或即将蓬勃发展的资源型地区中的一部分。

## 资源型地区的区域规划优势

区域规划为急速发展的资源型地区提供许多潜在优势。首先的也是最重要的一点，是区域规划为所有利益相关者提供了一个描绘区域共同愿景的机会，让资源热潮不仅创造短期经济利益，还能为后代留下长久而持续的遗产。区域规划也为多方利益相关者创造了一个难得的机会，让他们可以心平气和地展开对话。大多数企业和社区之间的对话是为了注册审批，投诉不满或者解决冲突。相比之下，创建长期的区域规划则可以让利益相关者把这些问题放在一边，以平等的合作伙伴身份，坐下来探讨他们共同的未来。

区域规划也是就资源开发造成的正面或负面影响达成共识的机会。企业和政府在制订长期规划时往往各行其是，置彼此的计划和轻重缓急于不顾。以我们规划联盟公司为例，我们刚刚完成东塞内加尔新兴金矿地区的区域规划，却得知地方政府正在筹划住宅和基础设施建设，对我们企业规划中的矿井地点和未来的就业水平预测一无所知。

审慎的区域规划能创造许多潜在效益。资源公司和政府能够掌握基础设施发挥功效的时机，如共享多功能走廊。人口增长中心不仅能在减缓城市资源枯竭的趋势上发挥作用，还可以为未来的就业节点提供最佳服务。在规划公路、机场、工人住宅和通信设备等矿区基础设施时，规划人员应该尽可能考虑社区的宏观发展需要。这样，政府可以未雨绸缪，更好地预测资源型产业发展对软件和硬件的基础设施需求。

## 区域基础设施可持续发展综合规划

前文探讨的资源型地区规划带来的挑战和好处，已经在阿尔伯塔油砂开发规划的各个层面显现出来。20世纪70年代初，第一个商业化规模的油砂矿和石油精炼厂开始生产时，麦克莫里堡的人口仅为约7 000人。随着森科和辛克鲁德项目投入生产，80年代初，麦克莫里堡的人口也只增加到3万多人。直到油砂企业开始扩张前的1995年，人口数量都处于稳定状态。从1995年至2006年，麦克莫里堡的人口翻了一番，几乎达到6.5万人。之后，尽管经济下行的趋势导致了人口增长和社区发展的速度放缓，政府预测，到2045年沥青的日产量仍将从现在的130万桶增加到600万桶，相应的人口增长数量在19.5万和24.5万之间。

为应对发展带来的问题，阿尔伯塔省政府于2011年4月发布了为阿萨巴斯卡油砂地区制订的“区域基础设施可持续发展综合规划”（以下简称CRISP）。CRISP由省油砂可持续发展秘书处牵头，获得了规划联盟公司的支持，是许多省级部门、市政府、第一民族[①]、梅蒂斯[②]、企业及众多利益相关者共同努力的结果。CRISP基于未来油砂的最大产出量和相应的人口增长，为未来基础设施发展制订了一个长期框架，可以根据资源型地区发展的不确定性进行动态调整，代表了快速发展的资源型地区区域规划的新模式。

人口预测是根据预估沥青产出量以及相应就业岗位的发展而得出的数据。CRISP正是通过人口预测方法来反映未来发展的不确定性。CRISP同时还特意规划了这样一个未来，即更传统的常住人口能逐渐代替“两地往返”的劳动力和临时驻扎的工作人员。为达成该目标，CRISP制订了一系列发展中心设计方案，经过讨论和评估环节后，最终提出以麦克莫里堡为主要服务中心的区域发展结构，该结构也能对其他现有社区、新社区和已规划营地核心区的成长进行指导。

CRISP成为快速发展的资源型地区规划典范，它的另一个特点是规划设计具有阶段性和灵活性。基础设施需求，包括公路、医院、学校以及给排水处理设备，依赖于人口“触发器”，而这个“触发器”的数据又反过来基于沥青的产出量。这使得政府规划人员能够根据资源开发的活跃状况来预测未来基础设施需求，很多具有前瞻性和较为长期的基础设施完善工作也在预测之列，比如区域供水系统、快速公交系统和铁路拓展服务等。

## 结语

毫无疑问，加拿大中部走廊正在一步步实现它的宏伟蓝图。区域规划对走廊内的资源型地区将发挥举足轻重的作用，以保障发展带来的利益如最初提议者的设想，也确保今日加拿大人的期望成真。

（陈淑莹译）

注释：

① First Nations，加拿大的土著民族。

② Metis，加拿大的土著民族。

**作者简介：**

杰森·索恩（Jason Thorne），规划联盟公司负责人。规划联盟公司与世界各地的社区、政府和资源公司合作制订区域规划策略，以解决资源开发带来的增长压力问题。

# 可持续发展街区规划："城市新星计划"

□特勒博恩市

## 这是一个什么计划?

●"城市新星计划"是魁北克省特勒博恩市的一个街区规划获奖项目，它突破了传统的以汽车为中心的郊区发展模式，是加拿大在此尺度上的第一批规划项目之一。

●精心规划不同岛屿（"地带"），每一个岛屿都围绕一项核心活动设计——包括办公和工业、购物、学校教育、公园休闲、日托服务和公共交通服务。

●可持续发展的关键在于不同地带的邻近性，居民不仅可以轻松步行或骑车抵达各处，还可以使用他们所需要的各种设施。

●整个开发区中 38% 的面积将用于建设生物多样性走廊，受保护区域将达到 462.7 公顷。

## 生物多样性走廊

“城市新星计划”的独特之处在于城市发展规划涵盖了面积巨大的生物多样性走廊，这一走廊几乎相当于整个社区面积的40%。最初的项目规划步骤之一是制作一份详细目录，将一些主要河道、自然栖息地和著名林区列入其中，以此明确它们的环境价值。编录在案的三条主要河流是拉皮尼河、拉普安特河和格兰德河，同时各种小溪流也源源不断地汇入这三条河流。目录中除了一片由罕见的脆弱物种黑枫树组成的生态森林，还有两片大的林区，分别位于街区东部和西部。另外，一些湿地也被收录进来。这些重要的自然形态将得到保护并连接起来，以创建生物多样性走廊，其目的在于确保重要栖息地的安全性，让野生动物能够在栖息地之间自由迁移。

但这一自然保护带的动植物并非唯一受益者，所有邻近地带和特勒博恩市的居民也将受益无穷。最终还会在保护带增设很多设施，比如生物科普步行道和观察区。保护和加强这些大型生物走廊，不仅能够创建绿色岛屿，还能显著提升当地居民目前乃至未来很多年的生活品质。

## 雨水管理

“城市新星计划”在雨水管理方面也采用了创新方法。过去，雨水被收集起来并直接引入雨水管网系统，然后再排入不同河道。这种方法不仅需要使用大口径的排水管，而且会对河道产生严重的负面影响。一方面，下暴雨的时候，为了在短时间内处理大量雨水，我们需要使用大口径排水管；另一方面，雨水经过排水管迅速流入附近的河道和湿地，严重侵蚀了河岸并引起大量泥沙淤积。

“城市新星计划”所采用的雨水管理新方法尽可能地将雨水引入自然土壤中。在一些地区建造生物过滤花园（种植有花草的人造排水区），这将有助于雨水的收集和净化过程。植物会让土壤吸收所引入雨水近40%的水量。今后还将修建滞洪池，让暂时多余的雨水在排放之前得到很好的处理，沉积的泥沙也会集中在滞洪池中。另外，还可以在已开发地带安放泥沙滞留设备。这些措施可以降低大口径排水管排放大量雨水对自然栖息地的损害。

（刘淑红译）

---

特勒博恩市位于加拿大魁北克省。“特勒博恩海岸可持续发展总体规划”（“城市新星计划”）获得2012年加拿大城市联盟可持续发展社区规划“邻里奖”。

“城市新星计划”的独特之处在于城市发展规划涵盖了面积巨大的生物多样性走廊，这一走廊几乎相当于整个社区面积的40%。

加拿大特勒博恩市地图

# 气候、生物和社区：“生态系统服务”是这一叙事的主体吗？

□盖伊·格林纳威

“就像赶着一头大象穿过麦秆。”

我认为，把海量的（且是增长中的）气候变化数据提供给当地决策制定者使用就是这样的感觉。关注省一级的气候数据和气候模式的工作量本身就非常巨大，更何况小到一个市、一个镇或者一个郡的数据信息。

当地政府的各部门和政府所辖的各社区都或多或少地明白气候在发生着变化。但问题是：“我们能做什么？”

一方面，我们在努力减缓气候变化，即减少温室气体的排放。加拿大的很多市政府走在了这项工作的前列，它们设定有挑战性的温室气体减排目标，并通过改善能源利用效率、改编政府车队、提高公共运输能力等措施来完成这些目标。而另一方面，我们认识到气候已经在变化的进程之中了，而且会越来越多地影响我们的日常生活。对于社区来说，适应气候变化的重点在于该如何应对气候变化，以及对气候变化有更强的适应能力。

那么，生物多样性呢？

我们知道，一个多样的、健康的生态系统是一切生命的生存基础，包括人类。我们也知道，我们的活动会持续地，甚至加速地对生物多样性产生负面影响。我们还知道，气候变化在加剧上述负面影响的产生。更何况我们所掌握的生物多样性信息，就像所掌握的气候变化信息一样，大多集中在宏观层面，几乎没有关于单个社区的信息。

解决这两个大问题的秘笈是……整合在一起？

优秀的厨师都知道如果要调和两种味道很重的食材就需要加一点儿别的东西。渐渐地，我们意识到这里的第三种食材是“生态系统服务”。

生态系统服务是我们从大自然中获得的一系列收益——既包括生态系统的功能收益；也包括生态系统的资源和过程收益，比如食物、污水和废物降解。对自然持有这样的功利性观点会让我们有点惴惴不安，然而这样做并没有什么问题——甚至很有必要。长久以来，解决环境问题的方法一直被一个错误的理念所困扰，我们总认为生态系统“在远方”，与人类社会遥遥相望。但生态系统服务的理念把我们（以及我们的福祉）拉回到了生态系统中，且这两者都依赖于生态系统的产出。

那么，生态系统服务如何在当地为气候变化适应性和生物多样性管理之间架起桥梁呢？

针对这一问题，我们在米什塔科斯研究院发起了一项创意活动，在阿尔伯塔地区建立具有环境适应能力的社区。在探索这一挑战的过程中，我们在当地发现了一些现成的措施，已经在（或者有可能）帮助协调以下三者的关系：适应气候变化、管理生物多样性和享受生态系统服务。我们的探索不可避免地进入了各个市政府以及一个名为“适应气候变化行动规划”的新兴领域。为了帮助各个社区创建行动计划，各方正在紧锣密鼓地加以努力。经过我们的评判，以下三个计划可圈可点：

● 哥伦比亚盆地信托公司的社区适应气候变化创意活动。该计划与不列颠哥伦比亚省东南部的几个社区合作，帮助社区应对当地的气候变化带来的影响（参见链接 http://www.cbt.org/Initiatives/Climate_Change/?Adapting_to_Climate_Change）。

● GEOS研究院，俄勒冈的一个非盈利性咨长久以来，解决环境问题的方法一直被一个错误的理念所困扰，我们总认为生态系统“在远方”，与人类社会遥遥相望。但生态系统服务的理念把我们（以及我们的福祉）拉回到了生态系统中，且这两者都依赖于生态系统的产出。

图 / 米什塔科斯研究院

询公司。它们通过一个名为“气候智慧”的方案提供一系列咨询服务，旨在帮助各个社区规划并应对气候变化对当地的影响（参见链接http://www.geosinititute.org/climatewise-services-category）。

● 为可持续发展服务的本地政府ICLEI加拿大分部——这是一个由城市和地方政府组成的国际协会——致力于环境的可持续发展。它们编写了一本叫“适应工具”的工作手册和一套操作内容，协助各个社区完善本市的气候变化适应计划（参见链接http://www.icleicanada.org/component/adaptiontool）。

以上每一个计划都在（或者都可以）把生物多样性变成社区气候变化适应能力的一个组成部分，并且都是很好的以生态系统服务为本的解决问题的思路。ICLEI加拿大分部最近做了一个报告，名为“发现关联：探索气候变化适应性和生物多样性”，报告解析了生态系统服务如何创造生物多样性和气候适应型社区之间的“双赢局面”。具体案例如下：

● 增加城市森林面积——城市森林吸收碳和污染物（生态系统服务），为鸟类提供栖息地（生物多样性），还为建筑提供遮荫（气候变化适应）。

● 保留和保护湿地：湿地储存和过滤水（生态系统服务），提供栖息地（生物多样性），还在极端天气事故中为易涝地区提供缓冲（气候变化适应）。

其他一些例子中有授粉、娱乐价值和绿地保护等内容。所有这些例子都体现了ICLEI加拿大分部所谓的“关联行动：利用生物多样性帮助适应气候变化和利用气候变化适应性支持生物多样性的各项战略”。

这个方法的核心是具有可操作性。各市政府在推行这些新方案时，遇到的阻力常常源于资源匮乏或者问题丛生。然而如果把气候适应性和生物多样性放到生态服务的盘子里来讨论的话，就会变得：

● 更容易成为委员会、职员和社区的“实效工程”（“对你来说意味着什么”）。

● 更容易将战略重点放在现行规划上，比如基础设施、土地分块、保护区和交通规划等。

● 更容易计算出做和不做的成本。

这样做最终能产生什么效益呢？在生态系统服务的理念下考虑气候变化适应性和生物多样性管理问题，这样会更容易在两者之间产生操作上的关联，以应对这个复杂的世界。对生态系统服务的关注可以保护生物多样性，同时培养社区应对气候变化的能力。生物多样性可以保护社区，让各个社区尤其是在面对气候变化的时候，具备从生态系统获得利益的能力。三赢！

（杨晨音译）

**作者简介：**

盖伊·格林纳威（Guy Greenaway），阿尔伯塔省卡尔加里市米什塔科斯研究院高级项目经理。米什塔科斯研究院的“营造具有气候适应性社区”的工作是“生物多样性管理和气候变化适应项目”的一部分。这个项目由气候变化排放管理公司提供资金支持，由阿尔伯塔生物多样性监控研究所指导，并由阿尔伯塔大学和阿尔伯塔创新科技公司的人员参与合作。

# 开发区域创新生态系统：
## 安大略企业家网络经验借鉴

□尼古拉·赫本

在竞争激烈、创造力丰富和技术日新月异的时代，区域政府和地方政府在建设辖区内的创新生态系统中发挥着不可或缺的作用。2013年5月，安大略省政府启动了安大略企业家网络（ONE）。ONE是一个聚集了全省范围内近90个区域中心的一体化系统，目的在于联络本地企业家、创新者和中小企业开展线下和线上商业援助。ONE代表了安大略省在开发区域创新生态系统上的最新举措。该创新生态系统包括研究与创新人员、资源、资产，旨在促进创业活动，提升安大略省的商业化能力，利用区域创新优势，加大全省经济增长的力度。主要商业街上的零售业主、高科技初创企业和成长中的制造商只要点击进入onebusiness.ca网页，就能获得离他们最近的ONE中心的联系方式。一旦联系成功，ONE的顾问和专家就会根据顾客需求提供一系列专业服务和信息。ONE的计划和活动得到了安大略省研究与创新部和经济发展、贸易与就业部的大力支持。

区域创新生态系统十分强大，它采取强有力的自下而上的治理体系，研究者、投资者、企业家、私营企业、政府机构和中介机构（即孵化器、加速器、研究园等）通力合作，推动知识转化、企业成长和商业化。充满活力的创新生态系统，可以给研究创新人员提供一个金融资本、创意和人才在不同网络内外顺畅流动的环境，促使不同部门和不同领域的人员相互合作，创新运用这些资产和资源。

具有显著经济影响力的创新生态系统可以弘扬企业家精神。政府、学术界和私营经济是优秀的资源供应者，能促进创业创新活动的开展。这些资源包括公立大学和公立学院提供的方案，如商务教学、管理和商务技能培训；还包括私营企业主导的创意活动，如给创业者提供指导机会、商业智能和交流机会以及获得风险资本和其他可以把创意投入市场的途径。优秀的创新生态系统也体现在一些政策的制定上，激励创业人才在创新过程中承担风险，从错误中获取经验教训并加以应用。

安大略省政府在加强区域创新生态系统中起到了催化作用，而且已经取得了令人瞩目的成绩。它在全省范围内设计建立了一个独特的网络来支持创业，支持开发和部署“安大略制造”的创新实践。确实，据安大略省研究与创新部说，自2007年以来，安大略省的创新和商业化网络已经帮助创立和发展了大约7.25万家公司，创造或保留了将近20万个就业岗位。

仔细研究ONE的演化结构、不足和成功之处，可以为其他正在寻求建立创新生态系统或意欲加强现有创意活动的辖区决策者提供富有启迪作用的政策经验。ONE的两大特色在助力安大略省驱动创新活动和弘扬企业家精神时起到了重要的作用：（1）以顾客为中心的策略；（2）设计和实践创新政策的“大帐篷”策略。

首先，政府获得ONE成员的承诺，切实推进以顾客为中心的创新策略。为达成这一目标，ONE各区域中心向寻求帮助的本地创新者和企业家提供解决实际需求的方案和资源。同样，研究与创新部给予ONE中心有针对性的支持，确保ONE中心有能力根据本地创新创业者的需求提供一定范围内的服务和资源。

其次，ONE的“大帐篷”策略鼓励公众参与政策制定过程，让全省非政府研究和创新利益相关者积极参与到促进创新和加强商业化的创意活动规划与实施中来。以ONE为例，在启动之前数月，政

图 / 尼古拉·赫本

仔细研究ONE的演化结构、不足和成功之处，可以为其他正在寻求建立创新生态系统或意欲加强现有创意活动的辖区决策者提供富有启迪作用的政策经验。

策制定者在全省范围内向创新人员广泛咨询，以确定最有效的方式，旨在提升现有创新创业网络的性能、建立新的合作关系，并促成全网范围内的最佳实践项目。从理论上来说，这种包容的机制使得非政府人员可以与决策制定者探讨各自面对的优势和劣势、机遇和困境，同时反过来指导决策制定者优化投资策略，从而促成创新生态系统的成长，刺激商业化向多层次发展。

到目前为止，安大略省的创新生态系统尚处于完善阶段。在ONE进入最佳运作状态之前，有几个问题亟需解决：

● 区域中心必须制订详尽的规划，清楚阐述它们将如何推进以顾客为中心的策略，以满足本地创业者不断发展的需求。

● 研究与创新部必须和市政府领导充分磋商和交换意见，确保经济发展的政策目标和责任高度一致，支持和开发社区内外的创新网络。

● 落实更多有效机制，确保各区域中心及其顾客的独特需求不仅能传达给决策制定者，而且能得到解决。由于子区域之间、部门之间的需求各不相同，资源开发必须反映差异性。

● 学术界要进一步介入决策过程。大学和学院是进行基础研究和应用研究的地方，它们输出世界一流人才，吸引人力资本和金融投资等重要的创新投资。因此，这些机构的领导者应该更加积极地就如何提升安大略省创新生态系统的性能问题进行咨询。

● ONE成员必须建立有效机制来监管和评估创新活动，同时把创新生态系统的影响传达给公众。为此，当务之急是建立一套宏观和微观层面的考核指标。

● 鉴于新成员陆续加入，顾客需求不断变化，创新生态系统处于持续调整状态，政府必须制订出一个可以对政策目标进行调适、对援助方案进行重新设计或改进的框架，确保在相当一段时间内创新生态系统的可持续性。

充满活力的区域创新生态系统能促进地方经济的增长和发展。然而，创新生态系统的支持政策应该基于对地方优势、劣势和机遇的深入理解，必须对需求差异有敏感度，同时对它们所服务的企业家和创新者的能力体察入微。

（陈淑莹译）

**作者简介：**

尼古拉·赫本（Nicola Hepburn），多伦多大学政治系博士生。

# 连接设计与社区的规划过程

□卡洛琳·G.罗

我在一家规划咨询公司工作期间，主要为密歇根东南部的郊区和乡村社区提供规划咨询服务。我曾碰到过许多心情郁闷的规划专员，他们会拿到一项似乎并不适合现有发展模式的拟议计划，然而他们的综合规划却要为这样的计划留下一席之地，甚至还要鼓励这样的发展。为了避免陷入麻烦，他们还不得不赞成这样的发展。

为什么会发生这样的事情？为什么这些规划不能如它们被期望的那样呈现社区愿景？为什么规划专员们会面临如此窘境，迫不得已地建议批准一些似乎有违自己初衷的发展规划？

我手头有四个社区的案例，它们具有不同的规划能力，且经受了不同的发展压力，但我在研究它们的规划过程时发现，有一些类似地方的规划过程比较容易中断，从而导致社区实际发展的愿景无法实现。这些导致规划过程中断的地方就是我所说的四个潜在的“断点”①。在规划过程中，不管是机构之间，还是负责该过程的某一部分的个人之间，抑或是文件之间，每一次进行“接力”的时候，都有可能出现实施“掉棒”的情况。如果规划者和官员不切实际地推进实施过程，发展结果就不太可能反映最初的愿景。

在北美洲，规划过程通常是这样的：规划专员或者规划人员在社区组织某种信息收集活动，例如举办远景规划会议、专家研讨会议、一系列公众会议或展开调研，他们通过这些方式汇集利益相关者的想法和诉求，然后将反馈意见转换成一系列规划目的和目标。

规划人员和负责人拟订计划用于指导政府未来的行动。待计划批准之后，指派官员和民选官员会通过制定土地使用决策来实施计划，这些决策要与目标保持一致，并且要符合未来的土地使用规划图；他们还会通过修订规划法规文本，将一些计划中推荐的用语纳入其中。最后，官员们通过详细的地方规划审批流程以及监管与执法力度来实施分区法规。

有一些类似地方的规划过程比较容易中断，从而导致社区实际发展的愿景无法实现。

在这个牵涉到众多参与者的复杂过程中，存在四次出错的可能性。首先，目的和目标可能未准确体现人们所需；由于所在地区缺乏资金或兴趣，可能没有展开远景规划过程；对活动的公众投票可能只反映了一部分特定人群或者特权精英的意愿。有时候，社区在重要问题上的分歧使得任何版本的规划都无法让社区的大部分人满意。

其次，也许规划本身没有达到要求，无法指导未来土地使用决策，以帮助创造社区愿景；也许规划目的和目标很好地体现了社区偏好，但是规划拟订者没有把具体的实施步骤写清楚，以至于很难推进规划过程；又或许规划已经包括了实施步骤，但是如果按照这些步骤实施规划，它们未必能产生预期结果。

再次，即便这些实施步骤经过精心设计，在很多地方，规划文件也只起到参考作用。为了达到规划目的，必须修订土地使用法规，以反映规划的要求。通常这一点无法做到，原因在于这些地区缺乏需要做什么的意识，指派官员和当选官员之间也缺乏沟通，有时候还缺乏实际改变法规的政治意愿。

最后，假设现在这些法规反映了规划要求，通过了可能实施社区愿景的决策，那么规划者、规划专员和立法者必须通过分区决策、总体规划审核过

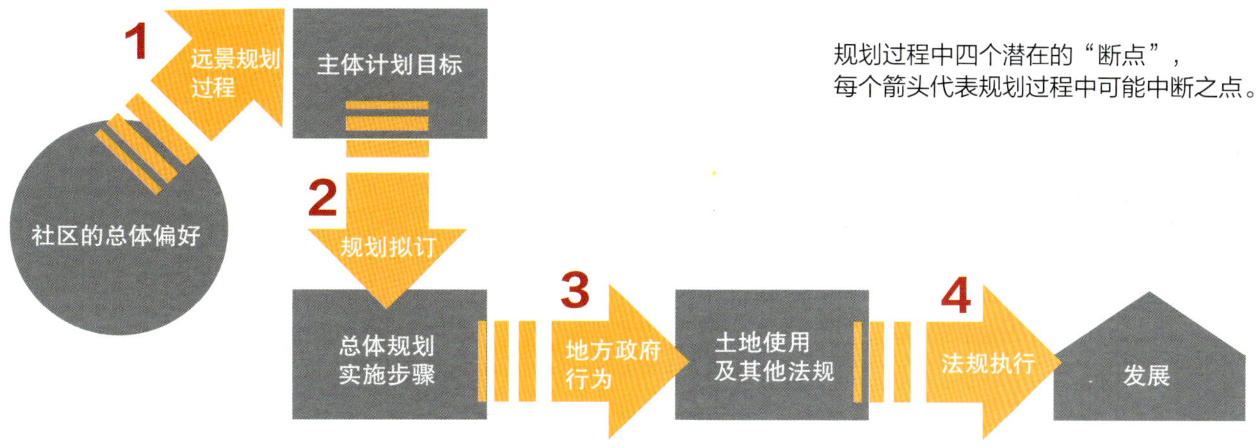


规划过程中四个潜在的“断点”，每个箭头代表规划过程中可能中断之点。

图 / 卡洛琳 · G.罗

程及监督测评等来执行这些法规。如果这些法规不能加以执行，那么之前的所有工作都将前功尽弃。

规划过程中每一步都需要我们付出极大的努力，才能推进规划过程。最容易的办法就是什么也不做，其结果往往是这样一种情形：利益相关者、规划专员和规划人员努力达成一致的社区愿景无法实现。

要避免“掉棒”并推动规划过程顺利进行，那么清楚地意识到每一阶段的潜在问题将大有裨益。我建议每个社区指定一名工作人员负责整个实施过程中的规划工作。这名工作人员应该了解规划进展，清楚每一项实施任务的负责人，哪些任务业已完成，以及已完成任务的最终结果是否达到预期（如果没有，那么规划应该得到修订）。这名工作人员可以定期向规划委员会汇报规划进度。注意联结四个潜在的“断点”可以保证利益相关者、官员和规划人员为形成发展决策的指导性文件而付出的所有努力都不会白费，因为它们的确有助于创造一个人人为之自豪的社区。

（刘淑红译）

图 / 城市–区域研究中心

注释：

① 参见卡洛琳 · G.罗. 社区规划过程中四个潜在的断点.《规划教育与研究》（*Journal of Planning Education and Research*，2012），32（1）：33—47.

作者简介：

卡洛琳 · G.罗（Carolyn G. Loh），韦恩州立大学城市研究与规划系助理教授，该校位于美国密歇根州底特律市。

# “住房优先”行之有效，原因何在？

□山姆·塞姆贝里斯

2015年5月，梅蒂逊哈特市市长特德·克拉格斯顿（Ted Clugston）宣布，通过向“住房优先”模式的转型，该市已经有效地解决了长期存在的无家可归问题。这一宣告在加拿大媒体引起轰动，梅蒂逊哈特市作为“住房优先”模式的典范以及加拿大式政策获得的成功赢得了广泛赞誉。然而，究竟什么是“住房优先”模式？这一模式为何在解决长期无家可归者的住房问题方面比其他模式更加有效？

“住房优先”转变了加拿大帮助国内20万无家可归人口中部分人的范式。传统的无家可归者服务方式基于一系列用心良苦的理念和实践，却无法真正让这些无家可归的人结束流浪状态，而“住房优先”则通过颠覆这一传统方式获得成功。大多数传统方案要求那些患有精神疾病或染有毒瘾的无家可归者首先接受治疗并恢复清醒状态，以此作为获取住房的前提条件。然而，这些方案的成功率并不高，这是因为与无家可归的情况相比，精神疾病和毒瘾问题更加棘手。事实上，治疗先于住房观点的支持者们并未真正了解为精神疾病和毒瘾所困扰的无家可归人群的能力水平。传统方案往往基于这样的理念：除非让无家可归人群首先消除症状并达到清醒状态，不然他们将无法承担管理一个家庭的责任。

根据我们对日常生活中街头流浪者的观察，我们可以进行以下推断。乍看之下，一个流浪者或许会给我们留下很无助的印象，但事实上，他正在不利的环境中努力争取生存的机会。露宿街头需要一定的适应性、毅力以及基本常识。而流浪生活中的幸存者——凭借他们解决温饱、寻找容身之处和保护自我的能力——自然能够在拥有住房，尤其是在获得支持的情况下生活得很好。那么，相较于其他人群，为什么流浪者的住房供给标准不一样？难道我们要求酗酒或患有精神疾病的加拿大居民首先恢复清醒并接受治疗，从而具备获取住房的资格？这样的方案要求在本质上难道不是一种对无家可归人群的歧视？试想，如果所有房东都将非醉酒状态的医学证明和精神疾病的健康治疗作为出租房屋的前提条件，那么我们国家的无家可归人口将突破百万。

我们究竟为什么要对最贫困的居民实行比其他人更加严格的获取住房标准？所谓“贫困者”“精神病患者”“瘾君子”往往被认为“低人一等”，不像其他人那样“有能力”“勤奋工作”或者“怀有同等的生活追求”。这些不易觉察而由来已久的偏见导致对无家可归原因的种种无端推测。我们往往将造成他们无家可归的问题归咎于他们错误的人生选择或不佳的道德品质，而不是因为缺钱。这样的观点将贫穷归咎于个体因素,并且常常忽视经济和社会结构的巨大影响——而这才是导致贫困人群和精英人群之间机会分配不均等的罪魁祸首。因此，许多解决贫困问题的方案致力于改善穷人的品行，如要他们保持清醒状态或教育他们如何作出正确的选择，而不是解决他们真正的、基本的燃眉之急——容身之所，资金支持，获得商品、教育、工作、社交或文化的机会。

“住房优先”是基于住房作为基本人权这一观念的范式转换，它及时为那些无家可归并为生活问题所困扰的人们提供了拥有自己公寓的机会。配套服务则是这一模式的另一重要组成部分——它为人们在租赁期间的持续居住及其他需求（包括医疗和就业等多种服务）提供必要的保障。由社会工作者、护士和同行专家组成的服务团队上门拜访参与者，并且协同努力来实现他们的目标。其中，选择权是“住房优先”理念的核心元素。一方面，方案参与者必须同意用自己收入的30%支付租金，并且服从各项标准的租房条例及接受服务团队每周的定期家访。另一方面，参与者也拥有积极的话语权，包括选择服务类型、顺序和进度。在救助过程中，鼓励他们自主选择，承担风险，并对未来抱有美好的希冀。

20多年的研究表明，“住房优先”方案在解决

图 / 房之途

> “大多数传统方案要求那些患有精神疾病或染有毒瘾的无家可归者首先接受治疗并恢复清醒状态，以此作为获取住房的前提条件。然而，这些方案的成功率并不高，这是因为与无家可归的情况相比，精神疾病和毒瘾问题更加棘手。”

长年无家可归者住房问题上具有更高的成功率。大多数在加拿大、美国和欧洲实施的“住房优先”方案都报导了约85%的提供住房成功率（即获得住房并持续居住）。近期，加拿大精神疾病委员会在温哥华、温尼伯、多伦多和蒙特利尔进行了为期五年的名为“在家中”的调查研究。共计2 241名曾有平均五年或更长时间的无家可归者，以及有复杂精神疾病、毒瘾和生理健康问题的患者参与了调查研究。结果显示，与仅能够维持35%住房稳定率的传统方案相比，“住房优先”参与者实现了高达75%的住房稳定率。此外，提供“住房优先”项目的住房费用比通常的疾病治疗花销更加便宜。

加拿大政府正在利用这些研究结果来影响国家政策方针的制定。自2016年起，接受联邦“无家可归者伙伴战略”基金的社区预计将所获资金的50%用于实施“住房优先”方案。尽管这样的资金拨付给部分收容所和传统方案带来了恐慌，但值得注意的是，这是少有的政府利用科学和调研来引导社会方针的案例。而在为无家可归者提供永久性住房和支持，以及减少长期无家可归问题的过程中，这些变化势必将产生长久的影响。此外，对“住房优先”的推广也可以改变人们长久以来对无家可归者所持的歧视性看法，并开展能够满足他们真正需求和改善其生活条件的实践。

如今，从纽芬兰到不列颠哥伦比亚省的社区都在致力于成功构建“住房优先”项目的工作。无家可归人群的多民族多种族背景如马赛克般错综复杂，如何为其中的敏感人群提供选择，是这些社区面临的严峻挑战之一。而我们也能从“住房优先”中获得这样的启示：尽管无家可归人群的构成复杂多样，但一套简约、体面、可负担的公寓与合理的配套服务能使每个人受益。

随着人们对“住房优先”项目的广泛认可，许多人将其奉为解决无家可归问题的典范。尽管这一模式卓有成效，但要彻底地解决无家可归的问题，我们必须解决如今仍然不断导致收入差异和贫困的社会经济政策和实践问题。梅蒂逊哈特市的成功表明，只要具备正确的方针、项目及必要的财政保证，我们就能够解决加拿大长期无家可归的问题。然而，为了确保能够更高效地为无家可归者提供住房，我们必须通过政治手段根除那些导致太多人无家可归的系统性问题。

（赵晚湄译）

**作者简介：**

山姆·塞姆贝里斯（Sam Tsemberis），“房之途”的创始人和执行总裁。基于“住房是基本人权”这一理念，“房之途”开发了“住房优先”模式。

ARCHITECTURE

# "可访问性"以及无障碍建筑的重要性

□让·韦科曼

我才三个月大的时候，父亲在一场生产事故中受伤并导致截瘫。这场事故之后我慢慢长大，陪着坐轮椅的父亲四处行走，这给了我一个独特的视角去体验建成环境。父亲和我很少以大多数人的方式进出一栋建筑物，使用工作通道是我们的常态。我们也不太走访亲友，帮助父亲爬上门前的几级台阶既危险，同时又表明他比一般人更加依赖别人。即便真的登门拜访，我们造访的时间也会很短，因为父亲没法使用别人家的卫生间。

正是因为类似的经历，后来我选择在建筑行业工作。作为一名建筑师，我现在意识到为更多的人——包括残疾人——设计便于使用的房子或者空间其实很容易。

对于无障碍设计来说，"可访问性"这个概念是最容易也是最经济的方法之一，随着时间的推移，它可以满足房主和社区的各项需求，有助于营造一个更灵活且持续发展的建成环境。"可访问性"能保证每一个人——无论他是否能自主移动——不仅能到别人家登门造访，还能用上别人家的卫生间。建造一个可访问的家其实很容易，只需要满足三个简单的要求：一个没有台阶的大门；一个宽度不窄于32英寸的通道，畅通无阻地联通主楼层的房门及门厅；一个位于主楼层的可使用的卫生间。此外，可访问住宅的建筑特点必须要做到美观且隐蔽，让那些可见的特点和家的建筑风格融为一体，使得所有的人都可以用同样的方式使用这个屋子。虽然可访问家庭的设计并不包括残疾人所需的所有无障碍设施，但它至少能让活动受限的人走进屋子，拜访屋主。

可访问住宅的供给可以从社会层面促进社区的可持续发展。而且在居民的一生中，当他们对居住的需求发生改变时，可访问住宅可以为他们提供更多的选择。加拿大住房抵押公司曾表示："到2031年，75岁以上的老年人口会从1995年的150万增长到400万，增长277%。85岁以上的老年人口会三倍于1995年的35.2万，增长到100多万人。"在这个不断增长的老年人群中，很多人会有行动受限的问题，因此我们非常有必要在设计住房的时候就考虑到这一变化。可访问住宅的供给对老年人口日益增长的现实作出了回应，也回应了老年人"就地养老"的愿望①。只要条件许可，大多数老年人更希望能住在自己家里。然而就目前存量住房的现状看，这几乎不可能实现。

实现可访问住宅供给最简单易行的办法是，在规划街区的过程中就考虑到这一概念。在成熟的街区往往很难实现这种"可访问性"，因为这类街区在规划设计阶段从来没有考虑过这个概念。其实在新建房屋的时候，如果考虑"可访问性"的特点，成本不过增加1 000美元而已，还不需要额外的建筑面积来满足它的通用设计需求。但这会为将来的翻修省下好几千美元，因为无障碍居所的翻修费用需要1—20万美元。那些提供可访问住宅的街区在规划的时候，地下管线会埋得更深以便容纳更深的地下室，倾斜地面则让房屋的最高点位于地块的中心位置，从而使家的前门和人行道之间有更长的距离，走道的坡度也更缓。

可访问住宅规划做得最好的一个例子在曼尼托

巴省的温尼伯市。始于2006年的“桥水项目”是一个住宅发展的创意项目，涉及温尼伯西南部韦弗利西地区的三个街区和一个市镇中心，超过1 000个独栋住宅地块被纳入这个发展项目。而那些新街区的发展，比如位于埃德蒙顿市布拉什福德地区的楼盘，则有机会成为行业翘楚，展示可访问住宅带来的巨大好处。

遗憾的是，人们对“可访问性”这个概念长期认知不足。建筑行业基本不会偏离它所熟悉的建造流程；那些总承包商，若非有快速和短期的经济利益，他们也不愿意对分包商进行新建造方式培训；而建筑师和设计师，若非有专门的经费研究“可访问性”这个概念，他们的工作动力也和承包商无异。各类组织和个人房主不太愿意支付这项成本。总体来说，各级政府也不太愿意对建筑行业和住宅发展加强相关的立法，尽管大多数的“可访问性”研究项目是政府资助的。目前，只有政府出资建造的公房才对住宅设计提出通用的和可调整性的要求以方便残疾人生活，而单户家庭的设计要求并没有列入这项立法。

从自己的个人经历中，我深刻了解到关注终端用户的需求，让他们能独立使用房屋和空间，的确大有裨益。我在翻修自己房子的时候新铺了一条平坦的平板式人行道，直通前门。在翻修之前，前门有三级台阶。被轮椅所困的父亲每次都不得不把车停在车道上，然后打电话让我出来帮他进门。翻修之后，父亲自己能用轮椅直接进到我家。这看似设计上的一个小动作，却充满了爱的力量。

（杨晨音译）

注释：

① 根据美国疾病控制和防治中心的定义，“就地养老”指的是“无论年纪、收入和能力水平，都可以有能力在自己的家和社区安全、独立并愉快地生活”。

**作者简介：**

让·韦科曼（Ron Wickman）在埃德蒙顿自己开展建筑业务。他的执业专长是为残疾人的居住需求提供无障碍设计。他致力于为人们提供价格亲民的、进出无障碍的和可调整的住宅，获过多项建筑比赛大奖。

对于无障碍设计来说，“可访问性”这个概念是最容易也是最经济的方法之一，随着时间的推移，它可以满足房主和社区的各项需求，有助于营造一个更灵活且持续发展的建成环境。

图 / 让·韦科曼

# 在失落的空间里找回社区

□麦克·菲儿

加拿大埃德蒙顿/霍威·方

把埃德蒙顿市中心的一条小巷改头换面一下，有助于激发一个街区的活力吗？关于这个问题，仅由几个人发起的改革项目“是什么成就一座伟大的城市？”差不多就可以给出答案。

那条计划被改造的巷子有两个街区长，在嘉士伯大道往北半个街区的地方。从103街的企业广场延伸到105街的河狸山房公园，包括索比斯餐厅后面那个被废弃的公园。在过去的10年间，边上的104街街区经历了一场巨大的复兴，出现了很多新建的或者翻修过的房子，还有各种零售和商业店铺，露天市场也一直在扩张，居民人数的增长超过300%。在非工作时间，这片曾被描述为类似于“鬼城”的市中心地区的街区正在变成一个人气兴旺的地方。

为了能够顺势而上，一个改革项目正蓄势待发，云集了街区居民、对设计和城市空间有兴趣的地方组织、商业集团、社区团体、阿尔伯塔大学、埃德蒙顿市以及其他社会力量。这个项目被称作为“找回失落的空间”。

人们通常认为背街小巷是滋生垃圾和犯罪的场所，但是全世界的城市都开始意识到背街小巷的发展潜能。在那些多用途区域里，比如104街街区，小街小巷可以为经营活动提供额外的门面——想象一下咖啡馆和小商铺。这样的小巷的宽窄正好容下一条步行道，这是绝好的购物点，也可以成为周末农贸市场的自然延伸。从美学角度讲，这样的小巷具有极大的创作空间：除了红色的砖墙，还有消防通道，别具一格的街角和缝隙，这些都可以用来形成空间的特色。此外，从实用的角度看，考虑到项目资源的有限性和志愿者级别的“劳动力”水平，这样的空间大小刚好可以让这个项目施展手脚。

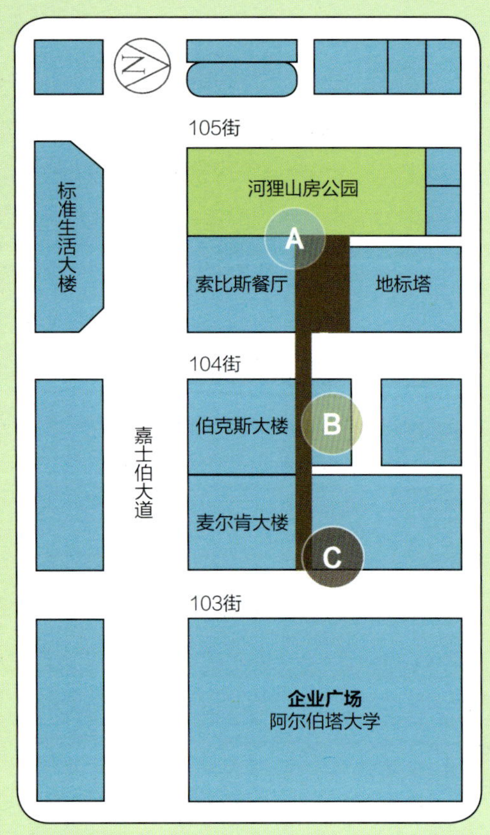


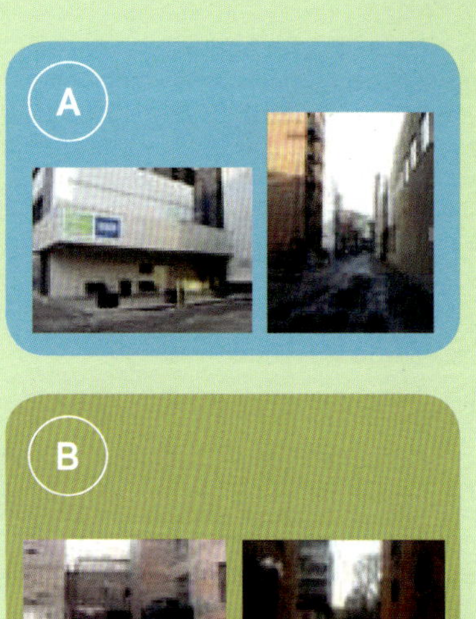

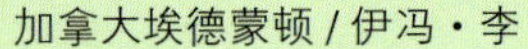
加拿大埃德蒙顿 / 伊冯·李

“找回失落的空间”项目萌芽于一个关于“建筑、设计和幸福感”的演讲，这个演讲是阿尔伯塔大学2008年创意节开幕式的一部分。三个听完演讲的人对埃德蒙顿市当时的索然无味唏嘘不已，他们决定继续这场关于有趣的建筑和设计的对话。于是他们招募了几个人，成立了一个志愿者机构叫“边缘上的埃德蒙顿”（Edmonton on the Edge，以下简称EOTE），旨在探索一个具有挑战性的问题。“是什么成就一座伟大的城市？”其成员分别来自阿尔伯塔大学城市-区域研究中心和外联部、埃德蒙顿市设计委员会、ISL工程公司、埃德蒙顿的M.A.D.E.[①]论坛以及埃德蒙顿社区联合会。EOTE的工作目标是在一座生机勃勃的城市里汇聚不同行业的人，让他们对振兴城市公共空间的各项需求进行检验，提出质疑并给出建议。EOTE会组织国内外著名建筑师、景观设计师、学者进行各种研讨和介绍。这些活动吸引了200余位来自不同行业的听众，他们目前都在努力让埃德蒙顿以其显著的设计感、美感和吸引力而闻名。

2009年年底，EOTE得出结论，认为思考“是什么成就一座伟大的城市”的确是一个很好的开始，然而应该进行下一步的工作了——开展一项切实的项目，用实例来说明EOTE的各项目标。可是，要确定一个项目，既能激发团队成员去营造一座“伟大的城市”，又能以有限的人力物力成功地实现它，这本身就是个挑战。

2010年1月，EOTE拟定了一个为社区重新规划城市空间的项目，并为这个项目设计了一个框架。框架中明确了一系列项目要求，项目必须征集本地居民的创意，并获得他们的支持，使其成为“他们的项目”；项目必须对现有的某个空间进行回收再利用，且项目实施的过程必须能吸引人；项目规模必须控制在可操作范围内。作为吸引和衡量社区

> 人们通常认为背街小巷是滋生垃圾和犯罪的场所，但是全世界的城市都开始意识到背街小巷的发展潜能。

居民兴趣的第一步，EOTE的成员沿着埃德蒙顿市中心走了一圈，让其中的20多个参与者——本地居民、商业主以及其他的一些人——对“被遗忘的和失落的空间”进行确认。这是一些典型的被忽视的空间，通常充斥着垃圾和涂鸦。

寻访小组明确了好几处废弃空间，几经商讨后确定了两处：位于105街和102大道西北角的一个废弃的停车场和一处小巷与公园。然而市政府早已决定将那个停车场改造成一个公园，因此活动显然只能在那处小巷和公园进行。接下来是寻找灵感，主要通过专家演讲的形式，由加拿大著名的景观建筑师格莱特·思矛棱布格（Greg Smallenberg）介绍世界各地“失落的空间”如何成功转型的案例。其中包括波士顿的布莱特尔书店在空地上卖货，以及旧金山的海斯谷从瘾君子的天堂变为购物天堂的案例。这些案例栩栩如生地浮现在听众的脑海中。翌日，约有40个本地设计师和感兴趣的市民参加了规划研讨会。在研讨会上，EOTE鼓励参与者放飞梦想，自由地设计小街样貌。

自那以后，这个项目的参与面变得越来越大。

由30个志愿者组成的项目委员会明确了小街改造目标，并概述了各种可能性。之后，四个阿尔伯塔大学城市地理专业的学生也参与其中，作为他们课程学习的学分项目，其任务是研究世界其他地方小巷改造的案例，介绍培养“场所感”的各种方式，最后在学校课堂和“找回失落的空间”工作组内做介绍。

快到2010年年末的时候，项目进入收官阶段——将所有的想法、思路和草图付诸实践，使之成为现实。在11月时，几名成员与相关市政管理者会面，在规划部的主持下，获得了来自城市行政资源的支持，此外还得到了交通和公园两个部门的合作支持。下一步是在更大的社区中考量居民的兴趣和支持度。12月时，大约有60多个人参加了项目开放日，大家都对项目所倡议的行动方向表示了极大的支持，还有好多人主动要求参与。

2011年，该项目的工作迅速推进。埃德蒙顿市规划发展部已经为项目所涉及的空间作了一个初步的评估。为进一步推进这个项目，四个委员会已经成功组建：第一个的职责是确保公众，尤其是当选的政府官员能了解这个项目；第二个的职责是探求可能的资金来源；第三个的职责是在规划部门的评估框架中，集中规划研讨会上的各种设计方案；第四个的职责是为即将来临的夏天设计简短的艺术活动或艺术装置，让它们既能为小巷变身的种种可能提供样本，又能作为空间再发展的先行者，让一小片地方先活跃起来。2011年年底的工作目标是把项目安排提交市议会讨论。

经过众多支持者的思想启蒙和理念孕育，四年之后，埃德蒙顿这个荒凉的小地方也许会成为一个令人向往的地方，变成复苏重振后的市中心的一部分。

获取更多的活动信息和关于EOTE项目的资讯可访问网站www.eote.ca。

（杨晨音译）

注释：

① 埃德蒙顿的一个医药、艺术和设计社团。

**作者简介：**

麦克·菲儿（Michael Phair），阿尔伯塔大学兼职教授，1992年至2007年间曾担任市议员。

# 场所营造行动

□克里斯托弗·都勒伯

如今，设计师、建筑师、政治家和普通群众都越来越深切地认识到良好的城市规划对社区的重要性。经过几十年的郊区化发展，城市在数量和体量上都急剧增长，人们意识到，实用性和以汽车为中心的城市设计理念，带给我们的是各种枯燥乏味的、彼此孤立的和缺乏个性的生活环境。

上述公众意识日益增强，其中一个重要的因素是通过互联网和其他传媒，人们前所未有地拥有了在全球范围分享想法的能力。关于城市设计的对话不再由专业人士主导。人们目睹在斯德哥尔摩、圣安东尼奥或者卡尔加里发生的变化，忍不住要问：城市规划该如何更好地服务于社区建设，才能让社区变得更加令人身心愉悦、精神振奋?

城市规划对塑造人类的居住环境和打造地方特色影响巨大。良好的城市规划可以从社会和经济两方面营造既宜居又怡情的地方。它让人产生空间感，这个过程就叫“场所营造”。

场所营造事关为居民设计空间，场所营造也事关由居民设计空间。它从一开始就严重依赖于在空间中生活、工作和娱乐的人们，通过很草根的方式来勾画他们的愿景，再通过他们的愿景联想到城市设计中的种种细节。场所营造会利用社区所拥有的资产、观点和愿景，进而创造一个健康、安全和高质量的公共区域（有关公共空间项目的资讯请访问www.pps.org）。芝加哥大都会规划委员会对场所营造进行了这样的描述：“对于街区、城市和区域改善来说，它既是一个包罗万象的想法，也是一个用于实践的工具。”

培养地方感有助于形成身份感，并以此紧密联结居民和居民、居民和居所。它还有助于培育人们对地方文化、历史和环境的欣赏能力。地方感会随着社会、文化、政治和物质条件的影响而逐步变化。比如阿尔伯塔立法大楼，它一直是阿尔伯塔省和埃德蒙顿市非常重要的政治机构。但它周围的环境随着时间的推移而不断演变，同时影响着人们和它的互动形式。20世纪70年代的时候，大楼前的那条车水马龙的大道被改成了通向市中心的市民广场，这个威严的政府建筑于是变成了一个有趣的地方，吸引众多普通市民去边上的公园和小池塘歇脚，放松，休闲，娱乐。

埃德蒙顿市中心的小巷改造项目，无论过程还是预期效果都是真正意义上实际运作的场所营造行动。从一开始，这个项目就让那些生活和工作在那里的人参与进来，去探索那片空间对于社区来说可以变成什么样子，或者应该变成什么样子。从城市设计的角度来看，这个项目是个很好的范例，它把原先以实用为要务的空间收回再利用，将它们变成连接社区主要空间的通道，它连接了104街的普罗米娜德餐馆、河狸山房公园和103街的企业广场。

这片被遗忘的空间正在从一条毫无个性的小巷慢慢变为人车共用的空间，成为构成街区和市区特色的一部分。这就是场所营造行动。

（杨晨音译）

**作者简介：**

克里斯托弗·都勒伯（Christopher Dulaba），注册职业规划师，加拿大规划师协会成员，绿色建筑协会会员，埃德蒙顿斯坦泰克咨询公司的城市规划师和设计师。

加拿大埃德蒙顿“城市实验室”

# 昔日之闲置空间，明日之魅力场所

□彼得·奥姆

“＃DIY城市”——些许色彩，意义非凡。这个响亮的口号出自“＃DIY城市”——一个为期一天的临时场所营造和社区建设活动。2015年6月21日，“＃DIY城市”联合主办方“成就埃德蒙顿”和埃德蒙顿市政府号召市民将城市里那些不受重视甚而被忽略的闲置角落“回收”，将之改造成赏心悦目的艺术作品抑或美观有趣的活动场所。

对于一个大的市政规划部门而言，建设一座伟大的城市，尤其是在加拿大西部建设一座发展迅猛的城市，非同小可，通常需要大型项目，且投资巨大。这样的项目需要致力于长远的规划视野、开发可持续系统和网络、建立正式合作并达成协议，从而为城市的持续发展奠定坚实的物质基础。毋庸置疑，这是一项极其重要的工作，但我们也知道建设一座伟大的城市需要我们关注那些小事物、小空间，还有不断涌现却又一直未受重视的零碎物件和场所，同时还要让那些城市建设的新点子发出它们的声音。

埃德蒙顿正是如此。从“地球日”上一张布满青苔的长凳，或者阿尔伯塔大学城市规划专业的学生发起的针对城市小空间而开展的社区设计竞赛“重新想象计划”，到欢迎并鼓励孩子们去市中心尽情玩乐的“城市粉笔”活动，埃德蒙顿近来对城市市容的重要改变进行了大胆构想，同时致力于投资成本低廉却可能产生重大影响的临时小规模实验项目。这些项目令人耳目一新，并让人们以一种新的方式探讨城市的发展和变化。

在正式的城市规划讨论中，战术城市主义和场所营造正引发热议。尽管这些思想并不新颖，但它们是社区活动积极分子在没有获得市政支持、认可和鼓励的情况下提出的设想，这些积极分子并不在市政当局的正式框架之内。2015年5月，随着新的“城市实验室”规划单元启动，埃德蒙顿可持续发展部有计划地在城市的不同角落展开“更快速、更省钱、更轻松”的场所营造行动的实验或试点，目的在于将短期创新思想付诸实践，进而指导比较长期的方针决策和讨论。这表明我们改变了方法，也说明我们对这些城市规划的新方法进行了重点投入。

回顾一年来在“城市实验室”以及其他战术性场所营造实验中的体验，我们从临时的小规模实验中获得了以下经验：

●社区的兴趣和支持是成功的基础；

●合作伙伴之间的协作必不可少；

●积极发动而非被动等待公众参与是活动成功的关键步骤；

●接受风险并积极投身于新的工作模式至关重要；

●使城市规划饶有趣味，能够带来更好更有意义的社区参与。

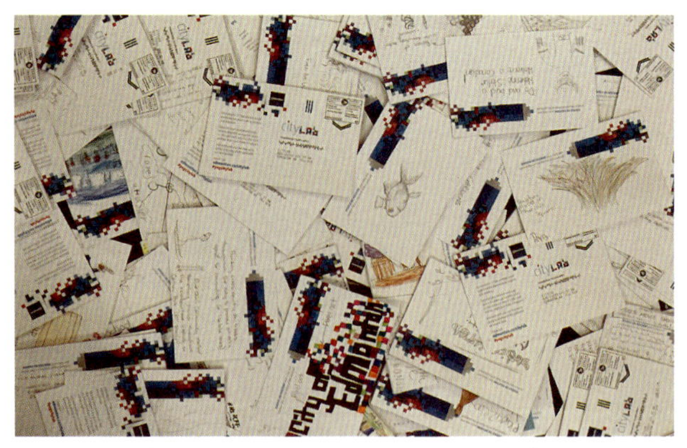

## 社区的兴趣和支持是成功的基础

即便是一个低成本的临时装置，其成功利用也有赖于社区的兴趣和支持。“城市实验室”积极响应社区要求，成功地将一条小巷改造成步行街广场。关于毗邻埃德蒙顿最繁华街道的小巷新开发项目，“怀特大街小巷”项目场所不再拘泥于传统的交通运输目的，而是将小巷改造成一个休闲广场，这一想法得到了当地商家、社区协会以及广大埃德蒙顿市民的大力支持。市议会制定了地方法规，正式关闭这一交通路段。几天之内，这条小路被刷上鲜亮的油漆，并立刻焕发出无限生机。我们渴望听取新思想，乐意排除障碍并迅速行动，以落实小型城市干预计划，期望得到丰厚的回报，激发有意义的社区参与，并展开短期或是长期的建设活动，其目的是营造更加美好的场所。

## 协作必不可少

“怀特大街小巷”项目的成功依赖于各合作方的真诚协作。这一计划在实际操作上十分简单，只需要一点点油漆。但是要在一条闲置小路上刷上那些圆点图案并非易事，它需要城市规划师、交通工程师、公园设计者、商业复兴区、通信专业人士以及各类社区志愿者的通力合作。路过此地的一些行人无意之间也自愿参与到活动中，在这条傍晚步行回家的必经之路上，他们愿意亲手涂上油漆。

我们也知道要成功实施各种类型的创意活动，社区内部和社区之间的相互支持与协作至关重要。例如，2015年6月，“城市实验室”与一个名为“QA十字路口”的社区协会合作，聚集了六个社区团体的力量，成功地举办了“106集会”。这一活动鼓励社区居民彼此建立联系，促进共同的场所感，并开启了106大道全新体验的对话。从“106集会”的成功中，我们获得两点启示：一是时刻准备为处于正式规划过程之外的以社区为主导的场所营造创意活动提供帮助，这一点极其重要；二是无论场所大小，要继续寻求新方法，携手共建美好空间，这一点也具有非常重要的价值。

## 走上街头

通过利用小规模和临时性装置，我们这些城市规划师可以走进大众的生活，去做那些更多人关注且有更广泛影响力的事情。比如说，“#DIY城市”活动鼓励人们在自己的街区里，或者在自己选定的位置上，参与甚至主持场所营造行动——讨论他们共同设想、并希望共同建设的未来城市。与此相似，规划师们协力实施城市新交通战略，从而使郊区轻轨站附近的一处闲置空间得以利用并重获新生。当上班族乘坐或者等候接驳巴士的时候，他们会接受采访，并被问及目前所喜欢的以及未来希望看到的公共交通是怎样的。

这种“公众参与规划”的方式让对话变得容易而不唐突。埃德蒙顿正尝试在更大尺度上开通移动“市政厅”巴士，方便市民参加全市各种活动，并在众多项目、创意活动和想法上共享信息，收集反馈意见，进一步深化这种公众参与方式。

## 更灵活、更快速、更省钱，却未必更容易

审慎而周全的实验需要考虑风险，还需要重新部署传统大规模城市规划中的一些资源。我们无法保证每一项战术计划都能够获得成功，而且相对

于长期大规模项目的专业时间和精力的投入，我们也无法直接测量每一项小型创意活动的影响力。在第一年实施“城市实验室”项目的过程中，有一点已经很清楚——要想有意义地参与关于城市体验和场所营造的社区讨论，我们需要投入时间和精力，还需要后续的跟进。尽管小型项目易于实施，而且成本低廉，但是如果在实施过程中未得到正式的支持，那么它们就只能是纸上谈兵；没有承诺，这些努力只能付诸东流，无法为正在进行的城市建设对话作出贡献。积极谋划、灵活多变、寻求新的合作关系，并不意味着这项工作“容易”，它并不是随随便便就能完成的。

### 有趣的城市规划有助于市民参与

对一些人来说，城市规划政策可能并非最激动人心的话题。但城市规划是日常城市生活中不可分割的一部分——它影响着我们居住地的选择，我们出行的方式，塑造着我们喜欢的街道和街区，以及我们今天和50年之后想为自己建设的场所。“城市实验室”的经验已经证明了让市民参与城市规划并乐在其中的价值——比如使用明信片（包括邮票）。这一活动被设计成城市寻物游戏，明信片计划邀请埃德蒙顿市民寻找并发现放置在市区各处的空白明信片，在明信片空白处写下或者画出他们认为可以美化城市某一共享空间的锦囊妙计，然后把附有项目组地址的明信片邮寄出去。项目组回收了大约600张填写好内容的明信片，并通过“城市实验室”网站向人们发出公开邀请，请他们提交有关城市建设计划的想法，提供可以协作的机会，因此各种想法纷至沓来（www.edmonton.ca/citylab）。这是一种寻求倾听和回应的城市规划，它承诺迅速行动以保持积极发展的势头和持续的对话。

### 结语

在与各类伙伴的合作中，我们的规划师一直发挥着领导作用，也扮演着追随者的角色，他们利用不同的机会，让人们认识到“生活空间”不只是物质空间。这种专业规划实践的方法认识到并接受城市灵活多变的本质，试图以不同方法探究人们的生活方式以及对城市的理解。一处闲置空间的确可以华丽变身为魅力场所，哪怕只是短短的一个下午。伟大的事业通常来自细节建议，我们相信那些细微之处可以助力我们建设美好的城市。

（刘淑红译）

**作者简介：**

彼得·奥姆（Peter Ohm），注册职业规划师，加拿大规划师协会成员。他是埃德蒙顿的主要规划师及城市可持续发展部负责人，带领众多综合团队开发并实施各种城市政策和方案，其宗旨是建设具有包容性和富有活力的宜居城市。

# 规划公共空间：

## 将街道打造成为布景、舞台、工作室和画廊

□赖安·沃克

一个成功的公共空间，80%要归功于良好的管理及强调公共用途和大众享用的规划理念。公共空间规划形式多样，如商业（流动餐车和季节性市场），娱乐（滑冰和太极），政治和文化活动（公开辩论活动及露天电影放映）以及公共艺术（雕塑、音乐和壁画）。管理公共空间的市政当局、非盈利组织或社区组织、商业开发区或公共艺术评委会通常会采取多种多样的方法来规划公共空间。让人们渴望到公共空间享受参加各种各样的活动的乐趣，而不仅仅因为日常工作奔波穿梭其间。在很大程度上，这种吸引力取决于人们如何使用并提升其物质空间。

尽管公共空间的设计极其重要，但是规划者、城市设计者以及其他决策制定者大多关注的是实体设计。大部分财政资源用在公共空间实体设计和建设上，而不是激发其潜在活力。因此加拿大的很多规划者正在力图重新聚焦如何激发公共空间活力。萨斯卡通、埃德蒙顿和蒙特利尔的实例显示了如何使用公共艺术设计让我们的街道和城市中心更加生机勃勃。毕竟，在任何一座城市里，街道都是最为显眼的公共空间。简·雅各布斯坚持认为："街道及其人行道是一个城市的主要公共空间，因而是城市最重要的器官。当人们想到一座城市的时候，首先跃入脑海的是什么？是它的街道。如果一座城市的街道看上去很有趣，那么这座城市就显得妙趣横生；反之，如果街道看上去枯燥乏味，那么这座城市也就索然无味了。"

### 萨斯卡通和埃德蒙顿：用作舞台、布景和工作室的背街小巷

在过去10年间，流动舞蹈戏剧团（www.freeflowdance.com）一直在萨斯卡通的背街小巷里演出小巷滑稽戏。每年剧团都汇聚各种各样的剧目及艺术家，将舞蹈、诗歌、音乐表演和戏剧融为一体，引导对此有兴趣的公众辗转于遍布城市中心的

萨斯卡通流动舞蹈戏剧团在背街小巷演出 / 施托贝

各条小巷。在这里，观众和表演者之间的界线是模糊的。背街小巷成为了公众享受互动式公共艺术的舞台和布景，而演出则利用了小巷现有的特色和封闭性。无需费用、门票，或者说无门槛的公众参与，这一设计适用于每一个人。

萨斯卡通社区青年艺术规划（www.scyapinc.org）通过艺术设计，满足了城市中心边缘青年的需求。这项工作的一部分是把市中心的公共空间改造成工作室，让青年们带领公众参与制作街道艺术作品。

与此类似，埃德蒙顿的水星歌剧团（www.mercuryopera.com）在过去几年间一直利用市中心的背街小巷和消防通道为观众表演歌剧，以此赋予歌剧全新的意义——同样，无需费用、门票，或者说无门槛的公众参与——让那些从未在现场观看过歌剧的人群欣赏了歌剧，同时通过独特的布景为那些曾经有过观剧体验的观众提供一种欣赏歌剧的新视角。在城市公共空间亲密无间的集体中，观众与布景融为一体，音乐、戏剧、灯光投影、服装、特效得到了展现。2011年，水星歌剧团在地下海湾和企业广场轻轨车站的演出，给他们的街头艺术表演带来了另一种有趣的新思路。

## 蒙特利尔：变身为画廊和灯光剧场的街道

在蒙特利尔市中心的街道，可以看到精彩绝伦的公共艺术展示，如蒙特利尔艺术馆广场的艺术装置。这一艺术装置的灵感，来源于蒙特利尔著名的文化艺术画廊蒙特利尔艺术馆，以及蒙特利尔最有特色的地标式自然景观皇家山，它将舍布鲁克大街和艺术馆大道沿线的艺术展馆连成一片。蒙特利尔城市设计团队与一名艺术家合作，用石灰岩创制了造型各异的石块，这些石块可用作座椅，也可以用于娱乐和雕塑基座。这些石灰岩石块沿着斜坡聚集在一起，形成阶梯式的景观，像镜子一样反映着皇家山的地貌和植被，且经过巧妙设计摆放的位置和角度，这些石块从人行道上显露出来，恰似皇家山

萨斯卡通SCYAP街道艺术 / 施托贝

山体自身的延伸部分。

雕塑长廊将蒙特利尔艺术馆引入街道公共空间，将自然景观与皇家山的美丽背景结合在一起。夜晚，雕塑在无数如舞台聚光灯一般的街灯的照耀下熠熠生辉。夏季到来时，艺术馆大道的周边区域禁止车辆通行，摇身变成延伸的街道艺术装置区。

为进一步突出公共空间灯光的剧场效果，蒙特利尔的“娱乐广场伙伴”（www.quartierdesspectacles.com）在市中心的艺术和文化区域创建了灯光大道。灯光大道运用别具一格的红色灯光，使30多个公共空间首尾相连，其间有楼房、剧院、画廊和音乐厅。两行红色地灯照亮了人行道，也让行人恍若置身于日常公共领域里文化活动首映礼的红地毯上一样。与此同时，灯光大道也以这种方式致敬曾在该地区名噪一时的蒙特利尔红灯区。在建筑物外立面和凸出的墙体上投射红色灯光和艺术“视频”以凸显建筑特色，不仅让城市空间瞬间鲜活起来，而且每一件建筑艺术作品的独特风格也得以体现。这种展示创造了场所感，让人们有一种共同的体验，一年四季都吸引市民来到公共空间。冬季，当白昼变短、气温骤降至零度以下的时候，灯光作为一种公共艺术设计形式，能有效地给城市公共空间里的人们带来一种令人振奋的温暖感和集体感。

## 结语

作为公共空间规划者、城市设计者及其他决策制定者，我们倾向于将时间和城市预算更多地投入到公共空间的实体设计和建设上，而不是持续不断的规划和管理上。这种不平衡让我们有机会改进目前处理公共空间的方法。萨斯卡通和埃德蒙顿的例子告诉人们，公共艺术如何利用物质空间的设计和建筑特征来支持参与式的表演，从而让街道这样的公共领域焕发勃勃生机。蒙特利尔的例子则展示了公共空间规划如何与设计相结合，这种管理理念的转变保证了公共空间的多样性和趣味性，随着时间的推移，城市的公共生活将得到更新和复苏。

公共空间管理非常重要，同时也极其复杂，它需要汇集公共-私人管理、法规、财政、市场营销和生产领域的力量。在很大程度上，公共空间的成功依赖于它的规划和管理，因此，为了理解如何利用这些领域的力量并更好地激发城市中心的活力，我们还需要开展很多工作。

（刘淑红译）

## 延伸阅读

Jacobs，J. （1961）. *The death and life of great american cities*. New York，NY： Vintage Books.

Project for Public Spaces（2005）. *How to turn a place around: A handbook for creating successful public spaces*. New York，NY： Project for Public Spaces.

## 作者简介：

赖安·沃克（Ryan Walker）博士，加拿大规划师协会成员，注册职业规划师，萨斯喀彻温大学城市规划系副教授。

“让人们渴望到公共空间享受参加各种各样的活动的乐趣，而不仅仅因为日常工作奔波穿梭其间。在很大程度上，这种吸引力取决于人们如何使用并提升其物质空间。”

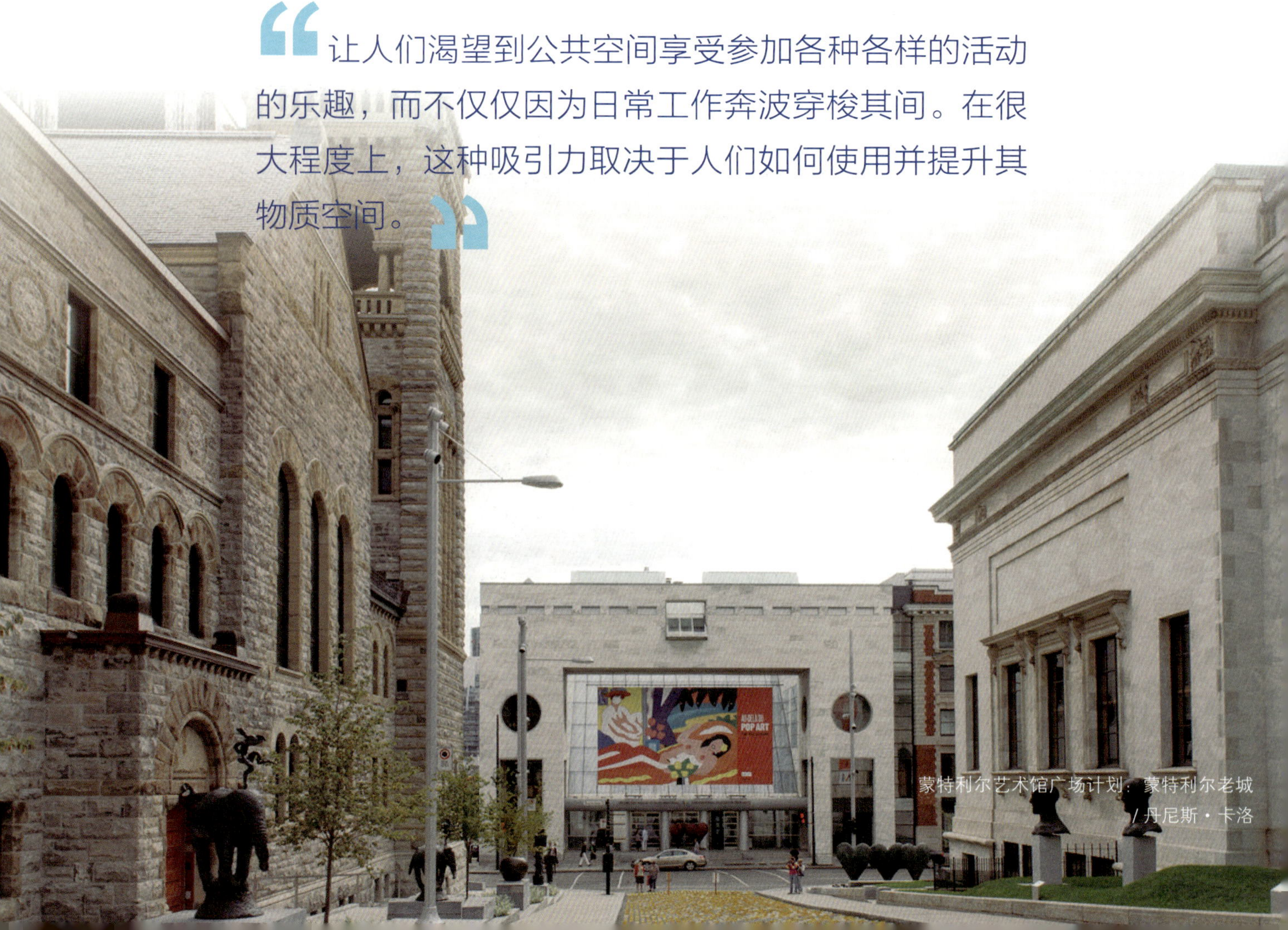


蒙特利尔艺术馆广场计划：蒙特利尔老城 / 丹尼斯·卡洛

# 错失的良机：
# 以讲故事的方式进行场所营造

□卡洛琳·安德鲁

“新”渥太华市创建于2001年，当安大略省下达城市合并指令后，它就与周边已经完成城市化进程和正在城市化进程中的数个城镇以及乡村地区合并，在地理上形成了一座巨大的城市。在这个过程中可以开展一些市民主导的场所营造活动，但我们都错过了。例如，在合并之前，尝试设计地方驱动型区域治理方案；在过渡期结束时，尝试引入青年代表以增加参与者的多样性；在合并完成后，尝试举行一次峰会以确保实现地方愿景。然而，省级强制合并指令——由哈里斯提名并由省级传达的合并指令主导的这一转型过程——严重打压或者边缘化了这些努力。自那以后，有了现在的渥太华市，但由于缺少共同的空间和历史，它无法为共同的未来打下良好的基础，而现在要具备集体行动的能力更是无从谈起。我们原本可以做得更好一些吗？

我深以为然，而且我一直认为讲故事也许是我们应该采取的方式[①]。讲故事有一定的规则或者标准；好故事应该融合过去、现在和将来。这样的故事也应该出现多重或多样化的声音，因而差异或冲突甚至矛盾可能常常共存于好故事里。河流的故事就是一个很好的例子。这是一个关于渥太华河和加蒂诺河的故事。在木材业繁荣时期，原木沿着加蒂诺河一路顺流而下，直抵E.B.埃迪造纸公司及安大略省河流两岸的锯木厂。这片地区不仅没有被渥太华河分割，反而因为渥太华河而紧密地联系在一起。那时候虽然有老板和工人之争（希纳人的战争）[②]，但是他们拥有一个由共同的经济目的和社会项目支持的共享物质空间；他们还达成共识，即基于地方实际的决策才是好的决策。

还有一个关于水和里多运河建设的故事。这里又出现了不同的故事或不同的形象：在运河开始的地方矗立着拜中校[③]（Colonel By）凯旋归来的雕像——而拜中校本人从未向英国政府提及自己主持修建运河所遇到的困难——雕像边上还有一座非常不起眼的纪念碑，温情而庄严，以此纪念那些为修筑运河

议会大厦（由加拿大图书档案馆提供）
/塞缪尔·麦克劳克林

河上的木头/加拿大科技博物馆东塔·埃迪·布斯收藏

渥太华里多运河和国家文明博物馆 / May Luong和Kim Quang Luong

而献出宝贵生命的工人们。但这也是一个成功的典范——我们的确修建了一座永恒的纪念碑，它带给人们这样一个社区：冬天可成为天然滑冰场，夏天则是划船的好去处。讽刺的是，当初我们修建这条运河是为了保护自己免遭美国人的侵扰，而如今一到夏季，它却吸引着络绎不绝的美国人前往渥太华泛舟河上。

渥太华被指定为加拿大首都的历史并不是一个能引发地方感的故事[4]，但是我们不妨想象一下用不同的方式讲述这个故事：如果英方代表向维多利亚女王解释她将要作出这个选择的理由时，把渥太华描绘成一个风光优美、充满机遇的地方，而不是谈论“它的偏远位置，以及相对于其他提名城市的劣势”[5]，情况会怎样呢？如果联邦政府没有代英国人行使职责，也没有将该地区第一个联邦机构命名为“渥太华改进委员会”，也许联邦政府与地方政府之间的关系就不会发展到如此紧张的地步。如果故事情节以及联邦机构的名字变成“共同规划渥太华”或者“我们共同的未来”，情况又会如何呢？那么，也许渥太华市对于自己被选定为首都的反应会更热烈一些。

另一个融合过去、现在和将来的故事是关于原住民的。我们不只是用一句话来唤起人们对昔日原住民的回忆，而是通过一个经久不衰的形象或主题来讲述当今城市里原住民的故事——长辈们将知识或故事传递给未来一代又一代的知识探索者，这样的叙述方式如何？我们可以利用国家文明博物馆、沃巴诺健康中心——该中心由道格拉斯·卡迪纳尔（Douglas Cardinal）设计，致力于传承原住民传统的健康知识——还有与卡尔顿大学合作的亚岗昆学院的原住民中心，以及一些专修学校的原住民相关项目来宣扬这一主题。

接下来是关于公平和包容的故事，这个故事有一个副标题——用心和动脑。故事主题的设立有助于拓宽人们的活动范围，例如有关早期法裔居民的故事，从伊丽莎白·布吕耶尔（Elisabeth Bruyère）创建医院到马里恩·迪尤尔（Marion Dewar）邀请社区居民一起欢迎越南船民的故事。这一主题还有很多其他的故事：社区资源和健康中心提供地方性服务，培养邻里之间的社区意识；移民部门为一代又一代移民提供创新性服务；“女性之城倡议”组织与渥太华市共建了“公平与包容透镜”项目，让这座城市更具包容性；最后，上述组织共同努力，借助“渥太华地方移民合作协会”，建设亲切友好的社区。渥太华的历史充满多样性，这个进行中的故事告诉人们，如何用心和动脑实现公平和包容。不论是在乡村、郊区还是城市，这样的努力比比皆是，这些努力也正用于场所营造：我们曾经一起这样做过，我们还可以再次努力做到这一点。

故事不胜枚举，讲故事的人也不计其数。上面提到的种种故事原本可以讲述渥太华——一个创造多种可能性的地方——进行场所营造的故事，这个故事有多种可能，可以是一个共享环境的故事（把人们团结在一起的河流和运河的故事）；也可以是一个经济故事（建设共享物质空间和社会空间的木材故事）；一个政治故事（城镇和王权协作共生的故事）；一个文化故事（原住民父辈传承知识或者智慧和地方感的故事）以及社会故事（创造一个更具包容性的友好社区的故事）。难道讲故事不应该成为场所营造的更好途径吗？

（刘淑红译）

注释：

① 参见卡洛琳·安德鲁 Ottawa：Would “telling its story” be the right way to go? In K.E. Jones，A. Lord and R. Shields (eds.)，*City-Regions in Prospect? Exploring the meeting points between place and practice*. Montreal: McGill-Queens University Press.

② 希纳人的战争，指1835—1845年间，在当时的拜镇发生了爱尔兰天主教移民和法国人之间的冲突。冲突开始时，爱尔兰主要的木材经营者彼得·艾兰组织了一群爱尔兰人袭击其他木材公司，这群人被称为“希纳人”，他们袭击了法国的加拿大木筏，还在拜镇的街道上与法裔加拿大人作战。

③ 约翰·拜中校（1779—1836），领导修建里多运河的英国皇家中校军事工程师，在修建运河过程中创建了拜镇，即今日的渥太华市。因此拜中校也被称为“渥太华之父”。

④ 1826年，渥太华以拜镇之名建立，1855年更名为渥太华，1857年被英国维多利亚女王指定为加拿大的首都。

⑤ W. Eggleston (1961). *The Queens' Choice*, Ottawa：Queen's Printer，p.103.

**作者简介：**

卡洛琳·安德鲁（Caroline Andrew），渥太华大学管理中心主任。

# 场所营造：从空间使用者身上获得灵感

□米歇尔·E.威廉姆森

## 场所营造是什么？

场所营造是一种多方位的规划和设计方法，它利用社区的资产、思想、知识、能力进行规划和设计。场所营造通过整合这些因素，创建出鼓励更健康的生活、更强烈的社区感的公共空间；它最重要的元素是让使用空间或者想要使用空间的人们参与到空间设计和规划过程中，它帮助人们创造参与活动的记忆，当他们日后跟后代一起回忆这些经历时就会倍感珍惜。

尽管近年来“场所营造”一词已经成为一种时尚，常被用来解释空间是如何出现的，然而这并不是一个全新的概念。早在20世纪60年代，当城市规划原则还以汽车为中心的时候，像简·雅各布斯这样的设计师就极为关注“如何让城市设计做到以人为本”这一问题，并对此发表了自己的看法，她认为“必须将目光投向街道”，“必须有人使用人行道”。要想实现雅各布斯（以及很多其他有远见人士）的目标。即创建了不起的公共空间，关键还在于我们要欣然接受那些在空间里生活、工作和娱乐的人们的集体性知识。通过这样的做法，场所营造给予社区空间所有权，让空间变得更安全，能得到更好的维护和更频繁的使用。

## 场所营造如何起作用？

多方位场所营造方法涉及确定议题、提出问题及认真听取空间使用者的意见等内容。场所营造不仅要考虑在场所中生活和工作的人，还要考虑在此（或者想要在此）娱乐、购物和社交的人，其目的在于发现所有的利益相关者的需求和梦想。由于存在过于简化的风险，这个过程十分棘手，而利益相关者的参与过程本身也不尽完美。也许参与者对场所的愿景有截然不同的想法；也许因为政治利益的缘故，场所营造可能的或可接受的参与者选择范围受到限制；又也许某些利益相关者，如年轻人、过往旅客或流浪汉，不会参与场所营造的讨论，甚至根本不会受到邀请。在关于空间的共同愿景中，如果要让不同的需求和梦想都能得到强化和呈现，最重要的就是，在确定参与场所营造的利益相关者范围的时候，我们要灵活变通，并且还要找到所有参与者的共同点。这一共同愿景也有助于社区优先考虑如何取得细小抑或巨大的进步。

刚开始，重点项目清单往往很简单，因为它是由社区的一些优点发展而来的。利益相关者可以利用社区的这些优点进一步开发未充分使用的空间，或者更好地理解新空间的需要。当一个社区寻求它们所缺失的东西，比如一个新的绿色空间或者一个篮球场，它们也许并不理解自己的愿望代表什么。换句话说，它们可能并不明白自己更大的需求是什么，而只知道它们需要某种变化。更宏观的需求可能是为人们营造社交活动、静坐休憩、参与活动、欣赏艺术和游戏玩耍的场所。一旦对话开始，对于这些群体来说，想象自己居住场所的各种可能性是一件欢欣鼓舞的事情，他们开始以一种崭新而美好的视角来想象自己在城市各个场所应该是什么样的——他们看到未尽其用的空间的新用途，他们想象商业、发展、聚会及与邻居相遇的场景。“改变世界，从改变自己开始”，这句话呈现出全新的意义。

## 设计者的作用是什么?

每当解读社区愿望和重点项目清单时，我们通常想到的是我们先前的设计经验或所接受的技术教育。然而，我们需要牢记的最重要的事情是，空间是以人为本的——我们不仅要为今天使用空间的人、也要替未来可能使用这些空间的人考虑。设计师将与社区共同努力实现以下几点：

**促进社会交往** 当你散步时与朋友相遇的场所，或是当你准备参观本社区时所想到的场所，恰如所有成功的公共空间，这些空间在提供丰富多彩的体验的同时，也要为居住于此的许多不同用户群体考虑。

**提供更多活动机会** 尽管听上去很简单，但令人吃惊的是，设计精良的空间常常不遵循这个规则。良好的空间并不只有供人休息的长凳，也并不只是在一周的某一天开放。它们应提供形式多样的活动机会，如静坐休憩或欣赏艺术，还有购物、用餐和园艺等。活动将人们吸引到宜人的空间，而多姿多彩的活动将吸引人们更加频繁地光顾这样的空间。

**舒适性和吸引力** 设计师能正确地理解这一点。我们都喜欢美观的空间，也喜欢供我们休憩的舒适场所，这些场所光线适宜，安全可靠。这些特点不但能把人们吸引到令人愉悦的空间，而且会让他们乐意在此停留更长时间。

**可接近性** 对于每一个人来说，公共空间应该是易于接近的。如果公众没有意识到这是为他们而存在的空间，他们极有可能不去使用它，久而久之，这个空间也将无人问津。

最重要的是，我们必须牢记，一个良好空间的灵感来自这个空间的使用者。这也是整个场所营造过程的关键所在。我们设计的是由人们创造而不是支配人们的空间。

要做到这一点需要耐心，还经常需要小规模的

改进、试验，并听取各方意见（这些意见可能是相互冲突的）。持续关注公众如何融入空间，也许意味着放缓设计过程，让场所慢慢演变成能与居于其中的人们交流的空间。

（刘淑红译）

**作者简介：**

米歇尔·E.威廉姆森（Micheal E. Williamson），斯坦泰克咨询有限公司设计咨询师。米歇尔所从事的工作是创造空间以表达日常空间使用者的需求。

加拿大埃德蒙顿市中心的生活桥花园。城市设计师激励人们美化自己生活的城市，将一座废弃的铁路桥改造成城市花园和绿色空间，并将它打造成一个供市民休闲放松的地方。在这里，人们可以欣赏城市中心的风景、参与花园维护和支持当地的粮食生产。
/ 生活桥团队

# 外观魅力：场所营造和地方形象

□罗伯·希尔兹

场所营造的本质是培育特定场所的独特品质以及人们在该场所中进行的活动。其意义在于地方感如何为行为与社会交往增添一些特别的内容。因而，场所营造具有社会性和经济性：它为原生态地形锦上添花。往往因为被冠以“某某之地”的美名后，一个区域或场所的能力才得以凸显和展示。然而，一个场所的真实认同感来自它的活力。“认同感”是一个抽象概念、一个故事，以及一种必须能实现、能付诸实践的信仰。

人们对场所营造的理解常常过于简单。场所营造或者被抽象为故事和图像，或者被具象为人行道和色彩方案。它其实和品牌推广、产品营销以及房地产开发一样，是关于宜居性的问题。情感纽带和自然优势（比如毗邻一个市场或某个资源），把场所的认同感锚定在各个具体位置上。

作为流行的地缘政治和城市公共外交的一部分，场所营造和场所的认同感有着举足轻重的意义。场所认同感是公共外交和产业区位决策的商务名片。地方形象的影响力如此之大，以至于那些与地方形象违和的行为会显得非常荒唐——很难做到“不爱纽约”，或者很难解释“不爱巴黎”。

但是，大多数场所营造只是一个骗局或者是赶时髦。那些咨询顾问会暗示说城市及其市政当局的声誉其实可以进行塑造、改变甚至营销。广告的确可以做出精美的图片，而场所营造必须立足于人们的实际经历。它由人而不是媒体来驱动。虽然场所营造通常局限于故事的收集、复述或者形象发布的范围，然而场所认同感所具备的述行本质意味着它必定是不断重演的行为。场所首先与活动、交往和经历密切相关，其次才是形象和故事。当一个场所的活动发生变化，场所认同感也随之改变。

场所营造具有相关性的特点。场所的认同感只有在场所之间有比较或参照的时候才会变得清晰。这种比较远不是距离上的远近，更多是形象和认同感的差异。利用或者发展场所认同感意味着要确定这块场所如何与某个空间网络融为一体：更大的地方和更小的地方，做这件事的地方和做那件事的地方。每一种文化都把活动放进了看似合适的场所；高雅和低俗、神圣与市井、龌龊与干净，各种活动都有自己的空间。因此，不同的群体极力争取活动的空间化。这不仅仅是宗教活动场所的问题，最糟的是，当人们遭遇真正的外来文化时会心生厌恶。要知道，美丽和可爱的地方同时也是滋生丑陋和诋毁的温床。

基于这个原因，对地方和区域开展异域文化国际营销是一件颇为棘手的事情：巍峨险峻的高山能唤起我们的崇敬之心，另一种文化却推崇更适于安居乐业的丘陵地带，因为它们展示人类活动的踪迹。一条我们看上去毫无美感的峡谷，也许是珍贵的考古遗址，或者会发现恐龙的遗骨，是能给我们带来独特和新奇体验的地方。因而场所营造没有特定的受众，只有普通大众，因为你无法取悦每一个人。

如果你从事场所营造工作，问问你自己：我在那里可以做什么？我会遇到谁以及我们的交流方式是什么？开展的活动有哪些？我在那里会经历什么？这个建议对每一位场所营造者都适用，不管你在打造一条街道、一个商务开发区、一个社区、一个区域，还是一个国家。我们要利用场所营造的特性把单纯的GPS坐标转变成承载着人们深厚情感的富有意义的地方。社会、社区，甚至是亚文化，正是通过一项项活动把它们的历史和价值观念植根于风景地貌中。人们把价值观打造成风景，用来教育后人，从而让这些价值观在场所中生根，并代代相传。

**如果你们居住的社区或区域被贴上“人间地狱”或“无人区”的标签，以至于没有游客愿意造访，那么以下几个方面可供参考：**

- 仅依赖形象推广来消除负面影响是徒劳无益的。公众舆论虽难以反驳，但可以培养。
- 主动提供旅游机会，理直气壮地展示你的旅游潜能。
- 找到每一处不尽如人意的地方，利用本地形象加以修正。
- 要意识到在你的区域或社区形象塑造活动中也有其他地方的参与，这可能是好事，也可能是坏事。
- 加强和其他场所的联系，成为有意义的活动网络的一分子。把场所营造纳入区域发展轨道，以创造更大机遇。

在规划公共空间时，场所营造有必要采用综合方法，因为成功的场所可以促进社会活力和交往。为达成促进社会活力的目标，我们要借助设计美学和空间规划理论，同样重要的还有支持社区以及和社区融为一体的能力。因此，关于场所营造主题的文章，涉及诸如住房、管理和参与式规划等内容并非偶然。

尽管场所营造具有文化和情感特性，从长远来看，其成果真实可见。正如场所营造专家凯瑟琳·劳弗林（Katherine Loflin）所言：“有爱的地方做得更加出色。”这句话同时涉及了硬经济成果和地方适应性的内容，还涉及了地方吸引人才能力的问题。当然，成功的场所营造实践要抵制过度简化的诱惑，同时意识到场所的认同感和塑造它们的人类一样，具有复杂性和动态性。

（陈淑莹译）

# 创造型社区
## ——基于地方的创造性解决问题方案的兴起

□奇雅拉·坎普尼奇

就在几年前，当无处不在的智能手机还未问世之前，相较于运用网络，人们更多是与志愿者或者办公室团队一起展开各种合作。然而仅仅几年之后，我们对于合作互动和解决问题的理解已经被手机社交平台以及更大的互联网接入能力改变了。

以“看见点击修补”为例，这是一个在线平台，也是一款手机应用，它能帮助世界各地的居民标注城市中被忽视或者设施老化的地方，让市政官员能够及时修正。“看见点击修补”以授权、高效和参与的原则运行，它让每个人都可以举报并跟踪一些非紧急事件，这些举动为改善邻里关系提供动力，也建立起能带来相应变化的联系平台。仅在费城，这个网站就曾被一个全市范围的倡导组织用来发动公民记录车辆怠速行为，进而促成了利益相关者之间新的倡议活动，帮助净化空气。

另一个例子是“分享一点点糖”，这是一份二代互联网的社区工具清单，相当于邻居之间互通有无的行为。注册会员可以浏览物品清单，在街区内、甚至同一条街或者同一幢大楼内寻找要借用或租用的物品。会员可以先发送一个借用请求，当请求被接受后，双方见面交接。为了保证物品安全，双方可以选择支付小额的保证金或者订立合同。此外，会员还可以像易趣一样在邻居的资料下留言，这样别人就能更多地了解他们的分享经历。

进入连接时代后，合作越来越多地被认为是一种设计原则，一种思维方式和行为方式，它将解决问题的技能从管理工具上升为思维方式，思考参与是一种什么样的行为。哈佛大学法学院教授、柏克曼互联网和社会中心主任尤沙·班持勒（Yochai Benchler）认为，在设计人类的各个社区时，社会合作能为社区建设带来更大的可能性——开拓集思广益的空间，解决社区成员该如何以一种公平而可持续的方式共同生活在一起的问题。

社会合作，通常被称为共同设计，是新兴的

社会创新活动“创造型社区”的核心——即草根项目，它们以成员互动和共同参与的方式促进城市可持续发展和社会包容。它们提出的倡议活动五花八门：开辟社区花园，创办农贸市场，或者设计各种场所营造方案，挑战传统公共–私人空间划分理念。对于大多数具有创新思维的市民来说，那些以邻里关系为本的社区是他们实施很多革新计划的支点。这类社区有利于让对话和合作以一种与本地相关的方式进行，但同时对别的社区也意义深远。通过描绘城市发展的愿景，以及把街区建设作为行动单元，创造型社区将大量新的价值观和优先次序引入更大的城市发展和公共空间的话语体系中。

例如在波特兰，每年都会有上百个社区居民、学生和志愿者在不同的城市道路交叉口集会，备好笔刷和颜料桶，准备带回自己的街道，使社区变得更加宜居。这项由市民主导的、把城市街道的交叉路口变成公共广场的“城市修补”项目，由非盈利的志愿者组织推动，它以“路口修补”的名字被社会知晓，并被渥太华和西雅图等其他城市所效仿。该组织假定文化、经济和决策的本地化是社区可持续发展的必要行动前提，“城市修补”项目帮助居民收回城市空间用于营造社区导向的各个场所，同时为发展更好的居民沟通、社区营造和文化可持续发展播下希望的种子。

社区直接体现了“社会企业家精神”，在这里，利润并非各个创新项目的主要动因，因此合作往往具有自我发展的特点。这些合作活动为地方组织投资本地资源创造了可能性，从而促进了当地的经济发展，并提升了解决问题的能力。通过各方合力，行动者学会了如何相互合作，如何形成社区建设的可塑性，并以此夯实社会经济，为那些通常未被充分利用的地方资源增添新的公共价值维度。其

图 / 美国波特兰驴车网图片库

收益自然是多方面的：出现更多的地方工作岗位，居民在地方决策制定时有更大的话语权，还增强了社会凝聚力。

当然，社会合作并非一帆风顺。如果没有一个清晰的进程设计，合作有可能会变得艰难、滞缓甚至无效。重要的突破和创新解决方案往往来自充分利用合作群体中多样的工作技能、知识背景和观点视角。当然合作并非意在代替政府干预，但它能从另一个角度解读政府的施政或失职行为。此外，社会经济领域的各项活动往往围绕某个价值观运作，而非利润。这个特点不仅促使各个科研机构重新思考它们在这些活动中的作用，还能增强人们在运用自己的专门技能和个人资源时的自信心。

基于地方的创造性解决问题的方案是一场平和的运动，它依靠人们能力中实用的理想主义，抑或坚定地将问题转化为机遇的信念。它也是一场营造运动，一场每天都在进行的运动，一场兴起于我们后院的运动。通过他们的参与，具有创造力的市民向我们展示了公民身份远远不只是税捐；公民身份还关乎公民能力的展现，所有权最终能产生的结果，以及公民对人与人之间的各种关联所采用的庆祝形式——以上三者构成了各个地方的集体景观，即我们称之为家的地方。

（杨晨音译）

**作者简介：**

奇雅拉·坎普尼奇（Chiara Camponeschi），约克大学环境研究学硕士。她曾参与意大利、加拿大和瑞典的创造型社区活动。最新项目“实现中的城市”可通过以下网址查阅：http://www.enablingcity.ca。

## 创造型社区项目

“离那树不远”是多伦多的一个市民和地方美食爱好者网络，该网络致力于最大可能地利用地方自然资源。当地的果树主人可以在该机构注册，届时机构会派志愿者去采摘多余的果实，否则这些果实就会被浪费掉。最终，1/3的果实留给果树主人，另外1/3给志愿者，最后1/3用自行车或者货车送给街区的其他相关组织。

http://www.notfarfromthetree.org

“改变营”是一个活动通知模板和一个开放社区，同时还是一整套工具和理念，让市民和政府部门间可以相互合作，以应对社区中的实际挑战。每一次“改变营”活动就是一次有创意的面对面聚会，由市民主导，由社交网络提供技术可能，没有党派利益。该项目主要关注两点：帮助政府部门变得更开放、透明、创新、高效，迅速反应和高度参与；在市民们称之为家的地方，帮助他们以公民热忱为核心建立更密切的联系。

http://www.changecamp.ca

“培育时光”始于2002年，最初的目的是为朋友圈在社区内寻找有意义的志愿者服务机会。现在，“培育时光”与多个志愿者库联合，以无声艺术品拍卖的形式筹募志愿服务时间。参与者不是用钱，而是以5小时为增量单位参与竞拍。迄今为止，该机构已经筹募到5.1万小时的志愿服务时间，同时为新兴艺术家们的职业生涯募集到30万美元的投资，还为5 000名加拿大人联系了全国250多个慈善机构。

http://www.timeraiser.ca

# 智慧城市和智能社区的创新生态系统

□约翰·G.荣格

最近，有很多关于智慧城市和智能社区的讨论——开始有意识地把智慧社区、城市和区域放在宽带经济带来的巨大挑战和机遇中加以认识。如今，任何社区都可以使用高速宽带、无线技术及其相关基础设施，不论从虚拟现实还是从经济实力角度看，每个社区都有机会从外围走向中心。

过去15年来，智能社区论坛确认了120多座智慧城市，这些城市获得了“21座智慧城市”“七大智能社区”“年度智能社区”等荣誉称号。一般而言，这些城市都具备以下特质：优质、方便且便宜的宽带基础设施，高技能劳动力和优质教育机构，富于创造性的市民和组织，积极利用数字融合机会的能力，强大的宣传和推广能力以及为社区的可持续发展不懈努力的态度。

但是并非所有智慧社区都是技术枢纽，很多社区是在其他传统的优势行业基础上发展起来的。通过先进技术、资产管理和重要的数据分析，这些城市努力提高效率、节约成本，并用更好的方式去宣传和推广它们的产品与服务。在此过程中，作为早期践行者，他们开发了这些领域的专门技术。新兴公司创业孵化器或加速器可以开发新的应用程序并使之商业化，从而通过出口这些产品或服务，推动经济发展。

智慧城市和智能社区的重要特质之一是其开发和培育的创新生态系统，它有效促进了地方和区域创新的繁荣发展。

智慧城市和智能社区的重要特质之一是其开发和培育的创新生态系统，它有效促进了地方和区域创新的繁荣发展。这一生态系统是各种有形之物和无形之物共同孕育的结果。除了强大的技术和通信设施之外，人的有效参与，还有他们的态度和行为，也可能促成或者打破这个生态系统。这些“人的因素”包括高度参与的优秀社区，有强大领导力

智慧城市——加利福尼亚州的里弗赛德和荷兰的埃因霍温 / 约翰·G.荣格

的政府、机构和商业，地方治理的高度自信以及所有市民和组织之间的精诚合作。不断改进的创新生态系统及社区的大力支持和参与很可能是创造繁荣的秘诀。然而这不是一蹴而就的，有时候甚至颇为曲折。首先，市政、商业和教育界的领导、城市规划者、经济开发人员、商会及市民必须清醒地认识到改变的需要，并达成合作伙伴关系以展开行动。智能社区论坛中的好几个智慧社区经历了“创造社区愿景的过程”，并最终实现了这一目标。加利福尼亚州的里弗赛德、田纳西州的查特努加、荷兰的埃因霍温和安大略省的滑铁卢等城市所创立的那些意义深远的创新生态系统，都是由战略规划和投资演化而来的。这几个城市在应对各种挑战的过程中，演绎了一个个令人难以置信的故事。

因为洛杉矶通勤圈的辐射力，里弗赛德市正在慢慢流失劳动力，为了更加灿烂的前程，很多大学毕业生离开了这座城市。为了挽救这个加州的前柑橘之乡，2004年，里弗赛德市市长和当地社区学院经济发展系主任协力组织成立了高科技专责小组，以便从加州科技驱动型的繁荣中获取一些利益。这一做法最后发展成社区领导和市民之间制度化的公–私对话，并形成里弗赛德的发展蓝图；八年之后，里弗赛德一跃而成世界最知名的智能社区。如今，里弗赛德的科技CEO论坛仍然延续着不断改进和创新里弗赛德生态系统的传统。

查特努加是美国最富裕的城市之一，但也是最肮脏的城市，它的空气污染源于低技术制造业的成功。沃特·克朗凯特（Walter Cronkite）在他的一档国内新闻节目中向人们发出警告之后，查特努加市民开始构想另外的城市图景。他们不仅净化了空气，还在各项城市规划战略的实施中建立了自信：清洁城市海滨，重新开发城市中心，在北美洲建立第一个千兆宽带环境等，而这一系列的战略同时也创造了独一无二的机会，成功吸引了亚马逊、大众汽车、蓝十字和蓝盾等大公司入驻查特努加。所谓创新，既有技术创新，也有非技术创新。

埃因霍温是一座幸福的荷兰小城，曾满足于本土企业飞利浦公司不断推出灯泡和其他电子产品带来的丰厚收益，直到1977年，这个跨国公司卷起铺盖，搬离所在小城，迁至阿姆斯特丹，想要利用那里的人才资源。这一举动让埃因霍温市和所在地区震惊，但是它们很快团结一致，建立了一个独特的具有高度前瞻性的经济发展组织，名为“智慧港”。该组织与当地的创新社区紧密合作，战略性地推动了本地繁荣，增强了城市的全球竞争力。依据亨利·切萨布鲁夫（Henry Chesbrough）的著作及其开放式创新的理念，埃因霍温城地区专注于研发和定向创新机会。由此，在接下来的几十年间创造了成千上万的新就业机会，重新建立了它作为创新中心的信心，2011年，埃因霍温荣获“年度智慧社区”称号，最近又被福布斯评为全球最具创造力城市——这一评比标准在很大程度上是依据每一万居民拥有的专利数目。

上述社区都曾经历过痛苦和危机，但它们同时也有了认清自身优势的机会，并针对薄弱环节采取行动。安大略省的滑铁卢自1857年合并以来，就形成自然发展和转变的传统。但是当今世界的变化日新月异，当地的制造业基地正受到全球化和业务外包的强烈冲击。当世界竞争正在一点点蚕食自己的竞争优势时，它们突然意识到需要为自己城市的创新生态系统制订新的策略和方向。在滑铁卢市市长、滑铁卢大学校长及一位黑莓公司创始人的率领下，智慧滑铁卢专责小组经过多年的协作努力，最终使滑铁卢赢得“年度智慧社区”的荣誉称号。这种独特的制度化公-私领导协作方式帮助该地区建立了150多个智囊团，其中包括新UW科技研究园、国际管理创新中心和圆周理论物理研究所等。

这一生态系统也有助于创建如通讯技术、加拿大科技三角洲和创意企业计划之类的组织，进一步推动地方繁荣，增强全球竞争力。日益兴盛的创新生态系统以每天吸引两家新创企业的速度发展，在过去几年里，进驻滑铁卢的新创企业总数超过了1 000家。令人吃惊的是，五年之后，企业的存活率高达85%——与全球新创企业45%的存活率相比，几乎翻了一番。除此之外，很多科技公司把滑铁卢地区及其人才基地视为一种主要资源和一些全球知名品牌——比如电子艺界公司、谷歌、英特尔、思爱普、甲骨文和3M等——的落户目的地。这也增加了如金融、汽车、食品加工、生命科学和教育等其他产业部门的多样性，强化了这些产业的企业家精神。

尽管科技和基础设施在创建智慧城市和智能社区中发挥着重要作用，但是绝大多数创新既不是工艺创新，也不是科技创新。创新的基础在于人们使用这些技术时具有创新意识和创造能力，从而不断改进生产过程和产品，以更好更新的方式为顾客和客户提供服务，这不仅能增加他们的盈利总额，还能促进整个社区的繁荣。

有关智能社区的详细情况可访问www.intelligentcommunity.org。

（刘淑红译）

**作者简介：**

约翰·G.荣格（John G. Jung），注册职业城市规划师、经济开发师，安大略省滑铁卢地区的加拿大科技三角洲公司执行总裁、智能社区论坛的主席和创始人之一。他率先提出智能社区概念。

加拿大埃德蒙顿 / 麦克・梅尔

# 创建富有艺术感的家园：社区复兴中的文化力量

□麦卡・琼斯

在阿尔伯塔省的蓝岭，我从小听着长辈们、朋友们和邻居们的各种故事长大。只要斯地尚存、斯人尚在，我的故乡便会通过它的集体记忆栩栩如生地存在着。然而自从离开那里后，我发现它几乎仅存于我的记忆之中。事实上每次我回去，它都会变得不那么真实。每一家新的商店，每一所新的房子，每一个新的红绿灯，都使它远离了曾经的样子。我不再渴望那段特别的时光，但我发现自己的确经常怀念曾在那里感受到的充实感、亲近感和归属感。

最近，当我准备在埃德蒙顿安顿下来，考虑买下我人生第一个居所的时候，那种怀念开始慢慢归来。我强烈地希望与它相关，属于它，和它一起成长。我一直在寻找一个可以让我满足地度过生命中点滴时光的地方。

在找房子的时候，我那点可怜巴巴的预算把我带到了一些我原本不会考虑的地区——比如说阿尔伯塔大道街区。朋友们一再提醒我："你就不担心那些站街女和小流氓吗？"他们的提醒并非完全空穴来风，因为大多数止步于阿尔伯塔大道街区的人至少有五年没有踏进过这片地区了。现如今，从115街到122街，从北地到北阿尔伯塔科技学院这一区域，已经呈现出独特的家园自豪感和社区特质，邻里和睦，还有些实惠的世界料理和艺术活动。这些都是我的同行们在游玩各大城市时孜孜以求的城市特质，但是很少有人愿意带着同样的探索和欣赏之心到自家后院走一走。这并不是说这片地区没有麻烦。在过去的几十年里它也曾经陷入衰退，让无辜的人承受犯罪之恶且失于保护——然而影响是显而易见的。2005年，阿尔伯塔大道复兴倡议计划提出后，市民、商业团体和政府部门共同努力，给社区带来了欣欣向荣的变化。经过修整的人行道和街道、新型的商业和升级后的店面，以及各种各样新兴的节日活动构成了社区变革的方方面面。这些，不仅本地居民看在眼里，连联邦机构也关注到了该社区在公共政策和公共管理上的进步：2009年，加拿大公共行政学院给阿尔伯塔大道复兴倡议计划颁发了市政领导项目的铜奖。

社区外观和基础设施的升级换代引人注目，诚如老话所说：内在的东西才是最有价值的。把一个社区变成了一个富有活力的网络靠的正是这种人际关系、互助互动，以及一种安宁的生活状态。2009年在阿尔伯塔大道复兴倡议计划的年终总结会上，议员托尼・卡特琳娜（Tony Caterina）这样说："我们（市政府）提供资金，就是因为社区需要大宗购置。社区里有各项活动和节目，还有新家庭的迁入。若没有这些支出，社区可能会多些树，抑或人行道会更漂亮些，如此而已。"

草根艺术和文化对阿尔伯塔大道街区的情感重塑起到了举足轻重的作用。去年夏天我在埃德蒙顿艺术委员会有过短暂的实习经历，在实习期间，我考察了这个地区文化活动开展的力度，从而对上述作用有了清晰的认识。这个项目一开始只是简单地搜罗了社区里的一些文化资产。社区有多种多样的文化资产，包括人文的、社会的、经济的或环境的，尽管项目最初主要关注与艺术相关的资产。很显然，当烘焙和餐饮店、艺术中心、教会、剧场、舞蹈工作室、图书馆和书店、乐器零售店和社区团体等集中在一起的时候，就会产生非同一般的效果。

这个项目还做了一个调查，从230多名埃德蒙顿人中收集相关信息，其中包括54名生活在阿尔伯塔大道街区的文化工作者——他们或从事创作、表演、教学及与艺术相关的工作，或从事视觉艺术，抑或音乐、电影、电视、图书、杂志等其他文化产业。通过采访被调查地区的文化工作者、企业主和当地居民，项目组继而更深入地研究了调查结果。

研究结果表明，文化工作者正陆续搬入阿尔伯塔大道街区，开张商店，并且开始参与各项社区活动。生活在阿尔伯塔大道街区的居民给出了以下原因：

●房价是影响阿尔伯塔大道街区人口迁入的最重要原因（87%的文化工作者拥有自己的房屋）。

●4/5的文化工作者在社区拥有自己的办公室或工作室，主要用于开展艺术实践活动。

●超过一半的文化工作者在阿尔伯塔大道街区开展与他们的艺术实践活动相关的商业活动。

●超过75%的文化工作者志愿贡献空余时间，几乎全部用于艺术或者文化活动。

在阿尔伯塔大道街区，那些从事创造性工作的人正在利用机会创造公平，实践自己的职业活动，并在支持和激励的氛围中分享这些活动。我把这种行为叫做“机遇与辛劳并存”，而且我衷心希望这种动力能够持续。主人翁感和合作感当然需要用时间和精力去培养，而且这种情感是那么的可知可触。

正如阿尔伯塔大道街区所示，没有各方的努力，就没有社区生活。阿尔伯塔大道街区的变化体现了文化合力促使城区复兴的过程，这正是近年来被广为关注的观点。精心培育文化资源可以通过丰富的社交网络和社会联系来帮助重建社区，这一过程因其长期的愿景和效果而受到推崇。但这也是一个很微妙的过程，需要战略计划和政策与居民自治行为之间的平衡，从而建立一个良好的社会生态，用以支撑当地居民的价值、观念和精神。

阿尔伯塔社区的重生给了我们一个清晰的启示，即社区在制定政策时，可以——或者说应该——吸纳比以往更广泛和更多元的参与者。这样良性的城市空间可以用来确认、体现和反映空间使用者的多样性。想到有更多的埃德蒙顿的邻里社区会以这样的方式得到进一步的发展，的确是一件令人激动的事情。然而有一点是毋庸置疑的，没有任何两个社区的发展模式会是一模一样的——这也是社区发展最终的目标和方向。

虽然我最终决定不在埃德蒙顿置产安家，但我现在很清楚，将来无论我在哪里买房，我都不会把那里当成一个普通的社区，而是把那里变成我的社区。

（杨晨音译）

**作者简介：**

麦卡·琼斯（Myka Jones），生活在西北特区的首府耶洛奈夫。一个社区组织者、设计者和视觉艺术家。一直致力于地方化和国际化的跨文化创意和公共意识项目，主要关注艺术、文化和旅游项目的发展。

加拿大埃德蒙顿 / 弗洛尼卡·德罗兹德

# 哈利法克斯：家是艺术之所在

□凯特·麦克李南

图 / 加拿大哈利法克斯自治区政府

在我们生活的社区里，让互助、梦想和创造的机会在人们心中生根发芽。在一个自给自足的文化中，我们该如何培养集体参与和宽容相处的意识？如何培养由街区引导的身份意识？

2011年，一群社区居民请求哈利法克斯自治区政府同意他们在邻近街区十字路口的地面上绘制一幅图画。邻居们是受到了美国俄勒冈州波特兰市“城市修补”项目的启发——该项目在过去的15年间持续与市政府合作，成功支持了数个十字路口绘画活动。哈利法克斯自治区的社区艺术方案与社区成员及社区外的合作伙伴有长期共事的经历，他们把艺术当成催化剂，共同致力于支持和构思独一无二的社区建设方案。这些社区居民通过“社区艺术促进者”看到了机会，认为可以实施一个类似于“城市修补”的项目，并希望这个项目的成功能为该地区类似的场所营造项目打开新大门。

这样的项目若要持续有效地进行，需要具备三个要件：一个社区发展策略的模板、一个以艺术家为核心的团队和一套风险防范机制。“社区艺术促进者”这一角色是在市政部门和社区成员间架起桥梁，以期能找到一个令各方都满意的框架。

要在以汽车为中心的城市道路上实现“城市修补”之类的理念，你能想象出交通工程师们对此立即予以抨击的场面。毕竟市政当局更精于此道，他们通过开发混合利用的方式拓展建筑物的功能，或者用街道设施创造人行道的多样化用途。我们的创造力很难跨越常规，很难用新的眼光来看待街道为文化、娱乐、教育、健康或创业等各类活动提供场所的可能性。然而在自治区政府拥有的资产中，街道占有最大的面积，因此，考虑街道功能的多用途开发完全可行，更何况低成本使得花费的每一块钱都能产生巨大的影响力。

街道占有最大的面积，因此，考虑街道功能的多用途开发完全可行，更何况低成本使得花费的每一块钱都能产生巨大的影响力。

尽管缺乏街道合作共同开发的历史，然而政府各部门间的对话并没有如人们预想的那样处于对立状态。你肯定会疑惑，难道自治区政府的交通路权和风险保障这两个部门没有安全方面的顾虑吗？事实是，这些部门愿意坐下来商谈，并清晰地列出所有的顾虑，这意味着活动的每一个构成要素都会经过深思熟虑的研究和计划。此外，绘画设计还要考虑到一些非绘画因素，要考量颜料的摩擦力，还要在每一层涂色之间洒上硅砂。每一项安全检查都就位以后，场所营造项目就可以开始试运行了。

接着要设计一个项目流程，给街区的集体身份留下长久的烙印。为了保证有最大数量的观众和最深远的影响，多点位的接入和参与是关键。从制作邀请，分享邻里故事和梦想，到草图设计或者帮助完成最后的图画，需要许多角色分工，这样人们才

能以最适合自己兴趣和技能的方式参与其中。这种显著的集体努力在向居民们强化一个理念，社区不仅仅是一种人群的聚集，还是一个互助的网络。

最终的画作是否能让社区居民心生自豪，关键在于专业艺术家的参与。一个经验丰富的社区艺术家可以促进有意义的讨论，营造集思广益的氛围，还可以用可视的形式归纳大家的核心观点，以获得社区居民的反馈或赞同。

经过数月的商讨、争论和设计，街道被关闭，居民们聚在一起把颜料堆在人行道上。上午艺术家和志愿者用粉笔在地上勾画好设计图。到了下午，他们就变身为主持人，邀请所有的邻居按照色块号码填入不同的颜色。这一天最终在夜晚的音乐、庆典、烟火和街头舞蹈中结束。

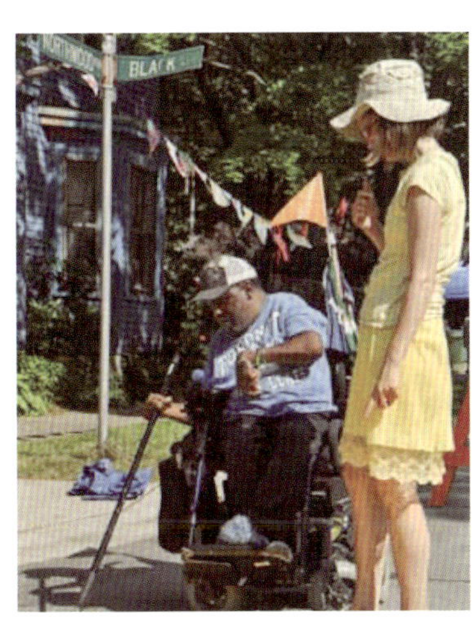

这远不止画了一幅画，也远不止举行了一场街道派对。这是营造了一个宜居之所——宜居是因为所有人都和这个社区的故事息息相关。通过书写这个社区故事，所有人都更加清楚，他们拥有了新的书写方式来描绘将来发生的故事。

现在，场所营造方案是哈利法克斯自治区的一个持续性的活动方案。社区居民可以提出绘画街道的申请，在绘画步骤设计和绘画实施过程中也可以得到相关人士的指点。现如今，不仅社区生活变得越来越丰富多彩，更重要的是，社区居民变得越来越宽容、热情和亲密。

获取更多原创的实验项目和正在进行中的创意资讯，请访问以下网站：

placemakinghalifax.wordpress.com/

获取绘图日活动的视频，请访问以下网站：

www.halifax.ca/Culture/CommunityArts/Placemaking.html（内有项目领导人的采访录像）

www.youtube.com/watch?v=5gcAHlaft-c（内有活动视频片段）

（杨晨音译）

**作者简介：**

凯特·麦克李南（Kate MacLennan），服务于哈利法克斯自治区政府的“社区艺术促进者”组织。

# 乡村视角下的艺术和文化

口埃里森·贝尔德

加拿大阿尔伯塔省罗斯巴德市/伯妮·内莫斯

我们都听说过，一座拥抱艺术和文化的城市很有优势。我们还听说过，一堂音乐课让一个浪荡街头的年轻人远离了帮派组织、一幅墙画让街头的涂鸦消失的故事。大城市里博物馆、画廊、剧院和音乐厅云集，艺术和文化当然占有一席之地，然而小城、村庄和乡村地区又是什么样的状况呢？

乡村社区正在经历艰难时刻。在大城市里处处皆机会，事事皆便利，乡村社区却无法跟上节奏。乡村人口持续缩减，并呈现老龄化趋势，乡村无法留住本地的年轻人，更无法吸引新的居民。根据阿尔伯塔农业和乡村发展部的统计，2001—2006年间，阿尔伯塔的乡村和小城镇人口减少了4.5%。

一直以来，阿尔伯塔的各个社区试图用各种方法解决这个问题，然而艺术和文化的潜力一直没有得到重视。艺术和文化的力量可以解决当今乡村社区面临的问题吗？乡村政策的制定者又该如何利用艺术和文化的力量维持和发展他们的社区呢？

## 一幅可能的图景

那是一个温暖的周日下午，阿尔伯塔省埃德蒙顿市以南73英里处，2号高速公路和鸽子湖之间的派普斯通市的一所学校里挤满了本地居民、当地政府官员和商业主。令人惊愕的是，连停车都成了问题。从来都是转一圈就能在学校停车场找到位置，那天的车居然一直停到了大街上。

那是个不一般的日子，当地牧师提姆·雷（Tim Wray）和70多个年轻居民在体育馆里搞了一个摄影展。展览的效果大大出乎雷以及这个小小乡村社区的每个人的意料。

雷组织了一个名为“照片的声音”的项目，目的只有一个：行动。派普斯通市的年轻人总是不愿参加本地的各种决策性组织，比如社区联合会、文娱委员会和教会组织。雷决定改变这个风气，他说：“‘照片的声音’的发起是为了让沉默的人群有说话的机会，然后带来相应的改变。”雷承认这个目标并不宏大。“我希望本地的政策（能）有所变化。项目甚至可能不会带来书面政策的改变，但是它至少可以成为一次实践。”

在为期10周的活动中，18—35岁的年轻人学习摄影技术，分享在社区中拍摄的照片，谈论阿尔伯塔乡村年轻人的生活。活动的高潮就是这个摄影展，出席的有本地居民、当地政治人物、各类组织成员、各行业的职员和各政府机关代表。活动的目的在于培养乡村社区年轻人的问题意识和机会意识。

## 一个缺场的角色

加拿大创造型城市网络组织在2009年委托编写的一份名为“用艺术文化发展振兴乡村社区”的报告显示，基于多种原因，艺术和文化的因素在乡村景观的构成上大量缺失。其中的一个原因是，从地理位置上讲，由于离艺术和文化团体距离甚远，乡村社区很难获得文艺信息或参加文艺活动。而这种地理上的隔绝使得具有强大包容力的互联网也无法解决这个问题，这进一步限制了乡村居民在艺术和文化方面进行自我教育的机会。乡村居民们学习艺术和文化知识以及习得新技能的机会短缺，而艺术家们进行表演或者展览作品的机会也同样短缺。即便有几个所谓的艺术文化节或艺术文化团体，也往往面临资金、志愿者、参与者以及表演机会缺乏的问题。

更何况乡村社区正在应对更紧迫的挑战和资金不足的问题，上述情况意味着艺术和文化工作在乡村社区并非第一要务。而事实上，文化和艺术创意恰恰可能为解决一些问题提供手段。报告显示说，那些乐于接受艺术和文化活动的乡村社区，已经发现这类创意活动有助于维持和发展社区、创造工作机会、刺激旅游业以及繁荣当地经济。它还可以为当地居民带来使命感和归属感，可以鼓舞士气，并通过越来越多的经济和社会机会，给年轻人一个留在乡村的理由。

乡村社区的壮大和发展固然重要，但是若要让艺术和文化在乡村社区发挥作用，则需要领导者和政策制定者把社区的需求放在两者之前。报告显示，为社区添置设施固然重要，同时也要培养社区的凝聚力和领导力，并鼓励年轻人参与社区建设。还应该增加由社区驱动的、可持续供给的资金支持。这种资金必须自下而上地进行管理，且在需要的时候，能得到政府的支持。对什么最有利于居民、商业和社区未来发展的问题，乡村地区的政策制定者需要有更强烈的意识。

报告显示说，那些乐于接受艺术和文化活动的乡村社区已经发现这类创意活动有助于维持和发展社区、创造工作机会、刺激旅游业以及繁荣当地经济。

## 当艺术和文化遭遇旅游业

那么当乡村社区拥抱艺术和文化的时候会发生什么呢？好吧，其中的一个可能性是这些乡村社区会变成游客和艺术家的旅行目的地——从某种意义上讲，是成为艺术家的心灵港湾。考虑到旅游业已经成为阿尔伯塔省第三重要的经济驱动力这一事实，上述构想并不可笑。非营利性社团加拿大恶地有限公司（CBL）鼓励游客游览阿尔伯塔省东南各地，比如德兰赫勒、梅迪逊哈特和莱斯布里奇。让阿尔伯塔省的恶地更为出名的可能是那里的恐龙骸骨化石和奇形怪状的岩石，但现在它正慢慢发展成为一个能产生经济效益的艺术社区。

CBL明确地表示，在那片地区，无论艺术家还是街头艺人，或者那些对艺术和文化心驰神往的人，都能公平地占有一席之地。在布鲁克斯的“艺术之心”艺术节上，最显眼的活动是在德兰赫勒地区和罗斯巴德市的罗斯巴德剧院进行的摄影之旅，还有梅迪逊哈特市的蜂巢艺术家中心的活动①。市中心的艺术团体已经慢慢地发展成一片“艺术区”，可以吸引人们进入商店、餐馆和各种社区活动中。“我们一定会促进和深化艺术与文化的发展，因为我们意识到这是一个富有生命力的旅游实体。”CBL的乔迪·兰姆（Jody Lamb）说，“有些人的旅游目的就是文化和艺术体验。”

### 打造一个强大的社区

其他的一些艺术和文化创意活动也正在形成一种社区感。以嘉士伯国家公园以东的辛顿地区的创意校园活动为例，一开始只是一个本地的钢琴音乐节，后来发展成一个多城市参与的文化艺术节，每年吸引1 000多人参加，并且在这一整年中持续推进艺术和文化的学习。这项创意活动将艺术带进了辛顿、嘉士伯、大卡什和埃德森等地的居民生活中。

“每个人都需要拥有一点东西，让他们觉得有活力，有幸福感，并认为自己是某个集体的一部分。”创意校园的业务经理梅丽莎·派特森（Melissa Pattison）认为：“对于很多人来说，艺术和文化就是这种感觉的巨大源泉。”

### 展现艺术潜能

我们回到派普斯通市，雷和他的业余摄影师团队用历时10周的摄影成果分享了社区里年轻人的心声。

雷一边招待人数日益增长的观众，一边观察展会内的人群，忍不住因为未来的种种可能激动不已。可能这些年轻人会有信心组织更多的与艺术相关的活动；或者地方政府会看到艺术活动激发的正能量而给予资金支持。无论哪样，反正雷能够感觉到一切皆有可能。

对乡村地区来说，艺术和文化的价值常常被低估或者被轻看，然而其影响力也许非常深远。了解到艺术和文化在阿尔伯塔乡村社区的巨大潜能，社区居民和决策制定者就拥有了一个新的工具来维持和发展那些他们叫做家的地方。

（杨晨音译）

注释：

① 原文中表述的是“梅迪逊哈特的蜂巢”（the Hive in Medicine Hat），这里的蜂巢指的是梅迪逊哈特市的蜂巢艺术家中心。为了便于理解，在译文中补充完整。

**作者简介：**

埃里森·贝尔德（Alison Baird），毕业于麦科文大学专业写作专业，在阿尔伯塔乡村发展网络担任暑期网站和通信助手工作。

# 交通和生活品质
## ——埃里克·米勒博士访谈录

□豪伊·冯

埃里克·米勒

“特别特别简单。”来自多伦多大学的交通专家埃里克·米勒（Eric Miller）说：“超过80%的加拿大人居住在城市或者都市地区。这是我们生活的地方，工作的地方，也是孩子们求学的地方，因此，经济活力、环境的可持续性和生活品质与我们如何设计、建设和运营城市密不可分。还有什么事情可以与此相提并论呢？”

多伦多大学城市研究中心新晋主任的这番话，我们完全同意。这是一个跨学科研究中心，获准研究的范围是城市及广泛的城市政策问题。米勒还担任国际出行行为研究协会主席一职，在加拿大以及美国的一些交通运输委员会兼任职务。多伦多市利用他的“GTAModel”建模系统预测大多伦多地区的区域出行需求，帮助分析交通政策及决策制定。

今年秋天，米勒博士在城市-区域研究中心做了题为“交通和土地利用的关联性”的讲座，和众多规划师、工程师以及一些经选举产生的官员分享了他的专业见解。在他做讲座之前，我们有幸就该

主题及其他相关话题采访了米勒博士（下文中UF指记者，EM指米勒博士）。

*UF：您讲座的主题“交通和土地利用的关联性”非常吸引人。您能否给我们谈谈土地利用问题，以及土地利用是如何与交通相关联的？*

EM：首先，土地利用就是我们利用土地的形式。它是一种建成形态。具体而言，它是我们建造的建筑物及如何对建筑物进行空间布局的问题，即如何把住宅、商店、办公大楼和公园进行混合，如何把人、工作单位、商场和土地利用时机进行混合。究其实质，土地利用就是不同建筑类型的交叉混合和密度规划。

土地利用和交通之间的关系很重要，因为只有通过交通，才能把不同的土地利用方式连接起来，把人和工作单位、人和商店连接起来。从城市形态或者土地利用出发来考虑城市的设计还有很长的路要走，我们不仅要明确市民对交通系统的需求，还要确定什么样的交通系统能够成功运行。在北美洲已经实践了50多年的低密度郊区——由于功能单一，所以住宅区和商场分离，全都是低密度，起点和终点相隔甚远——从一个地方到另一个地方只能依赖汽车。如果城市建设也如郊区一样，那么我们就把自己束缚在汽车方向盘上了。换个角度来看，如果我们的城市按照不同密度和功能进行规划，形成中高密度体系，也就是说，商店、工作单位和学校距离住宅区都在步行圈和骑

生活品质与我们如何设计、建设和运营城市密不可分。

行圈内，这就是一个适合步行或者骑行的舒适环境，人们就乐意步行或骑车出行。

同样，如果我们的工作单位和商场建在有良好公共交通服务的核心区或者走廊，那么公共交通就能承担客运服务，因为公共交通线路只有达到一定的交通量才符合成本效益。所以，交通规划基本的也是首要的问题是：如何建设城市？一旦这个问题有了明确答案，那么我们就能够确定交通系统的最优化方案。

UF：近来首府地区的核心区和走廊引发了热议。您能否谈谈这个问题？这个概念在什么情况下是成立的？

EM：一般来说，一座城市的市中心历来就是就业核心区。公共交通系统和运输系统通常重点服务于这个区域。在一定程度上，这个交通服务模式运营非常顺利，因为它聚焦于公共交通这一主要出行方式。然而，在过去数十年间，我们面临着同一个问题，即就业单位、旅游景区以及出行目的地分散到了整个区域，分布密度极低，非常不集中。正如我之前所言，出行只能借助汽车。

因此现在的理念是开发建设不宜集中于市中心。或者说不需要所有开发都集中到市中心，原因在于市中心已经密度过高和过于集中。不是每个人都愿意住在下曼哈顿地区或香港，那么问题来了，如果开发既不能集中于市中心，又不能扩散到整个郊区，我们该如何适应发展的需要？理想的做法是我们可以创建和确立区域中心或区域次中心、新核心区和新中心。这些中心是发展的新核心，不过这是一种可控的发展，类似于复制市中心的发展模式。这些地方逐渐成为公共交通服务的核心，它们有足够的交通量，也可以保障良好的公共交通服务，由此它们也可以逐步发展为更大区域网络内的核心区。我们可以尝试把这些中心和大运量公共交

通系统相连接，如果你想从一个中心去另一个中心，公共交通就可以帮助你到达目的地，你不必亲自驾车行驶在拥挤的高速公路上。

人们迁移至郊区，因为他们认为那里有廉价的土地。然而，何来“廉价土地”一说？

我想已有证据显示在多伦多地区推行上述方法是成功的。坦白地说，我的确认为我们对区域中心的概念还不够重视。这个概念初次出现于20世纪70年代，我们已经在北约克市中心、米西索加市的米西索加第一广场区等地开始实践这个概念。我必须明确表明，我们应该不遗余力地真正发挥区域中心的潜力。至于这一规划概念，我想还是切实可行的。

UF：接下来请您谈一谈今晚的讲座。交通和土地利用的关联性研究结果是什么？

EM：我的观点是，如果我们严肃看待土地利用和交通的关系，那么当我们规划土地利用和交通时，就会协同整合这两个方面的问题，然后创造人们使用公共交通的环境。同样，如果我们从密度和功能混合出发，精心规划本地社区，形成一个步行可达的街区，那么人们就会采取步行方式出行。一般情况下，人们的步行距离不会超过几百米。嗯，我想，人们还是能走上一千米甚至更远一点，至少在适当的情况下，可以步行去上班或做其他的事情。当然，对处于零下30℃的埃德蒙顿人来说，或许这个想法是一种奢望。

不少研究结果显示，如果有足够的吸引力，那么人们也会使用公共交通或者步行出行。人们非常理性，所以，如果我们想让他们选择除小汽车以外的交通方式出行，我们就必须为他们创造条件。然而所有城市都面临的问题是，太多人没有可供选择的出行方案。这里就涉及政策问题，我们提供的政策建议是：采取什么行动才能让人们的出行有更多的选择？

UF：针对交通和土地利用的关联性问题，您对政策制定者有什么建议？

EM：我想，从某种程度上来说，这一切并非如他们所说的那样难以企及。我的意思是，政策制定者要认真对待上述提议。和其他任何事情一样，我想我们需要政治意愿或者某种社会意愿发出这样的声音：“你知道吗？我们有必要改变一下行事方法了。”在规划每个新街区时，我们需要考虑公共交通优先和步行优先。目前，几乎每一个新建成的社区都是机动车优先：优先，体现的是首要与唯一的选择。我们兴建停车场用来停泊小汽车，然而在设置公交站台或者建设街道时，却不曾考虑行车道的需求，或者让出行者有选择公交的兴趣。因此，我们的首要任务就是精心规划公共交通和步行方案。

第二个要谈的问题是，我们必须增加密度。我们的城市已经扩张了，但即使是市中心，也没有达到应有的密度。我们务必寻求机遇增加密度并进行重新开发，实施以公共交通为主导的发展规划。结合第一个建议，再考虑上述两种情况，土地利用和交通之间的关系不仅和密度有关，而且和混合功能有关。因此，我们在规划时，首先要把当地的工作单位、学校、商店、住宅等分布到步行圈内。其次，所有的行为所释放的意向都应该导向以公共交通为主要出行方式。

我想第三个问题是，当我们谈论密度等问题时，人们马上想到住宅。住宅是一个关键因素，但至少与此同等重要的还有工作问题，因为特别在高峰时段，许多人的行程目的地就是工作单位。

中心区和走廊沿线是通勤目的地，那么把就业单位集中在这些区域是处理土地利用和交通关系很重要的一环。尤其在过去的几十年间，就业岗位已经毫无章法地分散至各地，办公楼和零售业尤甚。如果规划得当，这些就业人员将是公共交通的主要客流，尤其是办公楼就业人员。从交通层面来说，把办公楼移至郊区是一种资源浪费行为。

UF：*您认为为什么会出现办公楼和居民流向郊区的现象呢？*

EM：这个现象的出现让我们不得不重新考虑土地开发的经济效益问题。人们迁移至郊区，因为他们认为那里有廉价的土地。然而，何来“廉价土地”一说？我们为日益增加的空气污染、温室效应、拥堵以及行程次数埋单。尽管我们不能完全看到这些心理成本和实际成本，但是我们付出了实实在在的代价。我们所有人都面临的挑战是，如何根据这些土地的真实价值计算出它们的真实成本。

UF：*那么您是否认为在合理规划土地利用和交通后，我们的小汽车就可以弃之不用了呢？*

EM：嗯，每当我谈到这些问题的时候，我常常担心自己被当成了强烈反对使用小汽车的人，或者我期望每个人都应该乘坐公共交通去任何地方。尽管存在城市规划不当等问题，机动车作为主流出行方式仍然有充分的理由，因为它们为出行提供了极大的灵活性和机动性。所以，我们面临的挑战并非是摒弃小汽车而是驾驭小汽车，不过分依赖小汽车，但我们依然会在真正需要时使用小汽车。公共交通从成本效益上来看，不可能解决我们所有的需求。但是，合理的规划可以减少公路上的车辆数量，同时让汽车车主获益。我们要有效地利用整个系统，进而拥有更加可持续发展、更加舒适的城市以及更高品质的生活。

UF：*这才是关键吧？*

EM：嗯，谈了这么多交通问题和土地利用问题，但是我们真正要谈的是生活品质，这是城市的全部意义所在。这也是我们要发展经济和建设交通系统的原因。一切为了生活品质！最根本的问题是，如果我们想要维持并且切实提升现有的生活品质，那么我们需要转变城市建设的思维方式，转变如何利用交通系统的思维方式。毫无疑问，这也是我研究的原动力。

（陈淑莹译）

# 可移动的未来

□迪恩·埃米尔-艾哈迈德
戈登·莫纳

麻省理工学院城市汽车系统 / 小威廉·拉克

歌德曾说："思考容易，行动困难。"然而，若要把世界上的城市建设成为宜居乐业的地方，我们必须把可持续发展的思想、理论和知识付诸行动。而且，越快越好。

时间不是金钱。在这种情况下，时间是一个对手。时光飞逝，我们会越来越逼近极端性的环境恶果。为避免遭此厄运，我们必须利用城市规划每个领域的知识——从交通基础设施到开放空间、公共领域，从经济到社会、文化基础建设——把知识转化为提高城市生活质量的具体行动。

情况似乎岌岌可危，但希望尚存。它依赖于众多大胆新颖的规划、设计模型和工具箱，它们在追求可持续性的过程中将充当改变游戏规则的角色。我们在自己的城市和世界各地的出行方式提供了一个很好的例子。只要存在可能性，那么采取综合策略是至关重要的。我们必须仔细考察每个出行实施方案个体和总体的表现，包括成本和环境影响。

有鉴于此，这里有六个关于可持续城市交通的前沿案例。

## 一体化，一体化，还是一体化

孤军作战并不可取。交通、城市规划、企业、公共服务体系、能源和食物供给已不再是独立存在的个体。无论是去取牛奶、在城市之间穿行，还是在获取虚拟信息时，我们都必须创建一体化的交通系统，为人们提供可选择性、灵活性和无缝对接的连通性。

麻省理工学院的城市汽车系统体现了这一思路。它们设计的可折叠电动两座小汽车是按需出行系统的组成部分，类似于巴黎的Velib自行车租赁方案。城市汽车系统即将以短期租赁方式投放到主要交通枢纽，一个标准停车位可以容纳三到四辆这样的车。麻省理工学院希望在几年之内推出真实版城市汽车。可迭代的未来城市汽车系统还可以和城市能源供给系统整合，大量泊车可以用电池供电，以"缓解"城市的供电需求。理想情况下，太阳能屋顶或者小型风力涡轮机等微型发电机就可以满足停泊车辆的电池功能。

## 驶向社会公平

所有社会经济阶层都有出行需求，因而出行系统必须同时为富人和穷人服务。每个人都享有平等获取商品、服务和就业的机会。Worldbike就是此类平等方案的优秀实践案例。国际自行车行业专业人士网不仅提供平价的自行车交通出行方式，而且为穷人提供赚钱机会。穷人往往缺乏合适的交通工具，因此他们去学校、工作单位、健康诊所或者超市，可选择的交通工具十分有限。Worldbike以货运自行车为特色的一种开源设计，可以运送到小型加工厂，或者运送给发展中国家有技术的个体，由他们就地组装。

## 把汽车踢到马路边

目前的汽车保有量增长率难以持续。我们需要多样化的交通方式和范式转变：设计为人服务而不是为车服务的城市形态和功能。为防止城市的持续扩张，我们需要创建一些街区，它们的基础设施能满足本地社区和集中发展的需要，还要创建人们易于步行出行以及获取主要商品与服务的场所。

温哥华市中心的出行规划完美推广了这个概

念。该系统论证了可达性和移动性的宽泛途径，并确认了大多数行程需要多种交通方式的联动。在整体规划下，多方位系统设计改进工作包括简单但系统高效的举措，如拓宽人行横道线，在主要街道上增设骑行道和在公共汽车上设置自行车支架，还有技术层面的改进工作，如云霄列车和自动照明大众捷运系统等（http://www.driversofchange.com/slimcity/urban-mobility/integrated-planning.php）。

## 发挥信息技术的作用

信息技术（IT）通过让城市居民获得更多在线服务的方式，在很大程度上减少了人们来回奔走的麻烦。IT网络也能够通过调动汽车和公共交通系统来减少交通拥堵和事故概率。

美国国家项目“IntelliDrive”充分展示了IT公司的价值。IntelliDrive系统使机动车、道路基础设施、司机和乘客之间的无线网络实时交流成为了现实。它不仅提供道路、交通和最佳驾驶时速等丰富的实时信息，而且通过事故预防机制来保驾护航，从而提高安全率。从系统层面来说，交通管理人员可以通过数千车辆的实时数据尽可能准确地掌握交通系统的运行表现。目前这些技术在密歇根和其他地区已经发挥了作用。

## 电池自动更换系统

随着石油稀缺之势的加剧，价格呈上涨趋势。石油日益成为国家安全问题。加大能源效率举措的实施力度只能部分改变现状，与此同时，我们必须转向可供车辆使用的可再生低碳能源。Better Place公司为此转向提供了答案。

Better Place公司用一种巧妙的系统，解决了电动汽车长期以来存在的电池续航时间短的问题，该系统于2011年在丹麦和以色列启用。加入Better Place系统的电动汽车会员在合理布局的充电站里，几分钟内即可取下空电池并换上一块充满电的电池，从而免除了他们在长途旅行时通常需要数小时的充电等待。

## 人们的意愿

人们的价值观、行为和选择影响着我们未来面临的挑战和解决方案。然而，惰性和现状是一股不可忽视的力量。政府在推广低碳的、更健康的城市生活方式上必须起到引领作用。最经典的例子是征收拥堵费。

1975年，新加坡建立了城市止堵收费系统。这个高科技系统根据驾驶人在市中心不同的驾驶时间征收不同费用，比如一周中的某一天或者一天中的某个时段，不太拥堵的时段费用征收相应减少。伦敦、奥斯陆、斯德哥尔摩和米兰纷纷效仿新加坡的做法，并安装了类似系统。拥堵费征收系统由于有公共交通投资作为坚强后盾得以成功运行。

交通系统还将持续完善。最有效的解决方案能就综合基础设施资本成本、运维成本、用户成本和环境成本进行利益权衡。我们面临的挑战是从更广泛的社会和经济影响出发，实施一个适应性强的交通方案。唯有最新技术加持的综合策略才能提供解决方案。

这项工作并非只属于工程师、设计师、政治家或者科学家，每一个行走在城市的人都可以提出一个架构来引导政府部门、各行业和普通民众推进一个合理的交通发展规划，最终结果是社会效益最大化。

政府面临的挑战是如何让全社会参与到这个过程中，因为公众以及他们选择的交通模式才是促成改变发生的驱动力。这些交通模式和他们选择的生活方式有着千丝万缕的关系。正是他们的选择——选择住哪里、买什么和其他生活方式决策——将推动社会的发展朝着可持续交通演进。

（陈淑莹译）

**作者简介：**

迪恩·埃米尔–艾哈迈德（Dean Emir-Ahmet），执业工程师。

戈登·莫纳（Gordon Molnar），应用科学硕士，专业工程师，合作开发和实施了城市出行方案。这些方案是艾亦康科技公司基于埃德蒙顿的交通战略规划的一部分。

# 即便降水丰沛　也要力促节水

□阿伯兹福德和米逊给排水委员会

在美国南部和中西部地区，因为气候干燥和降水稀少，节约用水是一个很通行的理念。在加拿大的一些地区，这个理念也正在变得非常重要。不列颠哥伦比亚省的弗雷泽谷地区有丰沛的降水，然而在过去的15年间，它的迅速发展给当地的基础设施带来了很大的压力。从2006年开始，阿伯兹福德和米逊给排水委员会（AMWSC）一直在密切关注该地区的最高日用水量。

在2006年和2007年间，最高日用水量达到供水系统容量的98%。虽然这两年的平均日用水量都在可控范围内，但最高日用水量比平均日用水量高出了80%。当然1.8的峰值系数在很多领域都很普遍——甚至其他城市的系数会更高——但是城市的急剧发展和有限的供水系统容量之间的矛盾还是令人担忧。根据对用水需求的推算，预计到2016年，该地区需要引入新的供水源。

为了应对这一情况，2010年AMWSC通过了供水系统发展方针，做了以下三手准备：确定新的水源，在现有的供水系统中挤出更多的产能，并重点关注节水。如今新的水源已经确定了，现有基础设施的优化工作也已投入了大量精力。作为一个中短期的解决计划，AMWSC又开发了一套地下水系统来补充现有的水源。在新水源被启用之前，节水成了第一要务。我们把2007年作为基准年，设定了用水峰值减少25%的目标。

**2007年以来用水量减少情况**

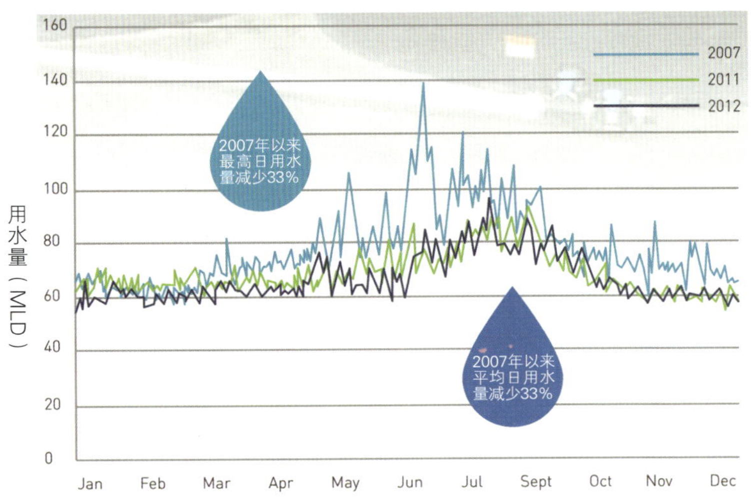


鼓励节水的计划遭遇了各种挑战，因为很多居民都不理解种种措施的必要性。在干旱地区推行节水计划比较容易被理解和接受，然而在一个一年3/4的日子都有降水的沿海社区，这很难推行。因此，2010年时，虽然全面推行“7月和8月不得使用喷淋器”的禁令很有效，但是这样的努力并没有被广泛接受。于是供水系统容量问题成了普及教育的重点，因为它不仅与供水量有关，还关系到基础设施应对用水高峰期的能力。

为了成功推行节水计划，各类普及教育活动还需要手段支持和政策保障，如表1所示。推行诸如安装水表、修订建筑规范以及按流量计价等措施通常是联邦政府、省政府或者市政府的职责。因为这些措施为消费者提供了货币或政策刺激，所以它们在各项节水措施中是最为有效的。

在市政府这一级，阿伯兹福德市自1995年开始在全市范围内安装水表。2010年，市议会通过了一个新的智能计量项目。阿伯兹福德市是加拿大第一批安装高级计量设施系统的城市之一。通过使用这个系统，阿伯兹福德市的水费收取频率从每年一次变为每两个月一次，还采用了季节性阶梯收费的方式。收费结构上的调整让那些用水量不大，或用水比较节俭的用户节省了开支，也从财政上促使那些用水量比较大的用户调整他们的用水方式。这些调整带来了显著的效果，但是这个转变也曾引起群众的激烈反应。阿伯兹福德市政府的官员以及阿伯兹福德和米逊给排水委员会都觉得当时的阿伯兹福德处于“风口浪尖”上。

在干旱地区推行节水计划比较容易被理解和接受，然而在一个一年3/4的日子都有降水的沿海社区，这很难推行。

借助一系列手段、政策和教育活动，消费者被成功地灌输了节水理念，各种节水项目也可以随之跟进。随着智慧水表的安装、双月收费制的实行以及阶梯水费的引入，AMWSC的节水项目在阿伯兹福德市全面铺开。购买节水型座便器和洗衣机的返利高达40%。消费者先进行灌溉和景观设计评估，然后再购买有政府补贴的低流量的室内室外设备。市政府设施和部分民宅中已经安装了雨水回收系统。

这些合力带来的结果是，即便在没有实施全面节水政策的情况下，阿伯兹福德市在2011年仍然超额完成了节水目标。该地区的最高日用水量下降了33%，平均日用水量下降了12%。2012年的数据基本差不多，只是社区里出现了好多因为缺少浇灌而呈现金黄色的草坪。此外，在用水需求发生变化的过程中，AMWSC和市政府的官员还慎重考虑了天气的作用，以及天气为社区提供的节水可能，比如2011年和2012年的凉夏就非常有助于减少用水量。无论如何，这些政策和计划的成功推行有助于减缓基础设施建设的步伐。

由于米逊和阿伯兹福德的计量设施不一样，迄今为止，AMWSC的大多数节水成果都在阿伯兹福德。米逊的大部分用户家里还没有安装水表，所以米逊拥有巨大的节水减量空间。目前，阿伯兹福德的人均用水量是每天200升，而2007年是281升。据估计，米逊的人均用水量是每天466升。该地区目前正在推行“节水计划”，估计仅依靠计量手段和越来越丰富的活动项目，米逊的人均用水量就能减少30%。这只是委员会节水愿望的开端，但由于水的消耗存在着变数，AMWSC需要持续提醒公众明智地用水。

（杨晨音译）

阿伯兹福德和米逊给排水委员会由阿伯兹福德和米逊两地的议员与市长组成。现任主席是帕特丽夏·罗斯（Patricia Ross），阿伯兹福德市议员。

**表1　市级和地区级节水项目一览表**

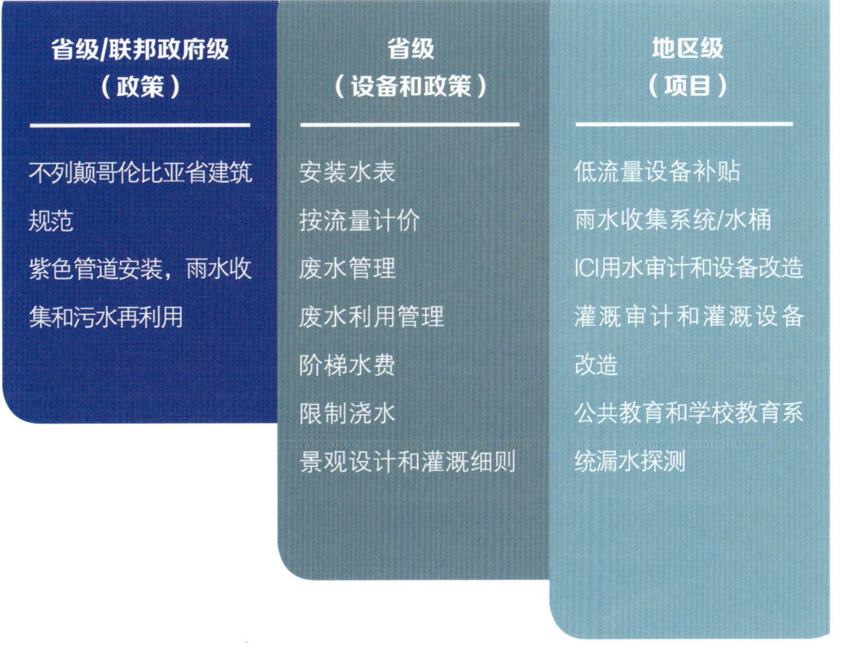

| 省级/联邦政府级（政策） | 省级（设备和政策） | 地区级（项目） |
|---|---|---|
| 不列颠哥伦比亚省建筑规范 | 安装水表 | 低流量设备补贴 |
| 紫色管道安装，雨水收集和污水再利用 | 按流量计价 | 雨水收集系统/水桶 |
| | 废水管理 | ICI用水审计和设备改造 |
| | 废水利用管理 | 灌溉审计和灌溉设备改造 |
| | 阶梯水费 | 公共教育和学校教育系统 |
| | 限制浇水 | 漏水探测 |
| | 景观设计和灌溉细则 | |

图/阿伯兹福德和米逊给排水委员会

# 迎接城市农业的挑战

□琦拉·亨特

在城里种植食材挺有意义，可以节约食物的运输、保鲜和劳作成本。随着人口的增长，人们对缩减生产和消费之间的距离，以及建造一个自我供给的系统有了越来越多的需求。

很多人已经参与城市农业活动：在自家后院里开辟菜园，用果树代替观赏树种，在农贸市场上买卖食物，花时间在社区菜园里。邻居们在种植过程中因为合作和交易活动凑在一块儿，重建人和自然，以及人和赖以生存的生命资源之间的联系。然而即便是用这样的策略，很多地方的产出到了冬天就慢慢地停止了，毕竟这是个连基本食物来源都很难保证的季节。对于那些想在更寒冷的季节生产食物的人来说，他们有两个选择：一个是搞窗口园艺，这是流行趋势；另一个是搞地下园艺——在仲夏时节种下蔬菜块茎，到冬天收获，然而这个做法并不是很普遍。

当然并不是所有人都会选择城市农业的方法，因此仅仅靠这些办法应对整个城市的食物需求是不够的。在电脑中键入“迪克森·戴斯波米耶（Dickson Despommier）博士”，他有办法解决这个问题。通过在城市地区全年种植食物的策略，他还能解决世界上很多与食物有关的其他问题。戴斯波米耶的方法叫做垂直农业，所谓垂直农业本质上就是层层堆叠的温室。温室的高度让很多操作可以在很近的间距中进行，从而节约空间和资源。他建议在室内系统中使用水栽方式进行种植，在种植过程中使用富有营养的矿物质水而不是土壤。与传统的土壤农业相比，这种栽种方式产量更高，产出也更容易预测。

在他写的《垂直农业：养育21世纪的世界》（*Vertical Farming: Feeding the World in the 21st Century*）一书中，戴斯波米耶博士说：“从产量的情况看，垂直农场每一层的、每平方英亩的产能相当于传统土壤种植的10—20倍。”①垂直农场可以给人们提供多样化的农产品，无论室外条件如何，它都能在城市的有限条件下种植新鲜作物。室内栽种可以对抗很多环境变数，包括气温波动、害虫破坏以及旱涝灾害。加上运输距离短和收成可预测，这些优势可以让垂直农场在经济上成为一种可供考虑的选择，引领城市走向真正的自我供给。

并非所有的作物都适合垂直农场。那些产量高、进口费用贵，或者原产地很远的作物也许是不错的选择，可以增加全年可获得的本地食物的多样性。因为水栽系统和条件控制系统的使用，杀虫剂和除草剂就不再需要了。又因为食物的产地距离消费者很近，防腐剂也不再是必需。其结果是我们会拥有品质更新鲜、过程更简单的农产品以及更健康的人群。

水果和蔬菜的种植自然是合理的选择，此外还有室内养殖淡水鱼、甲壳类和软体类动物的成功案例②。把各种生物放在一个混合的环境中，高度模拟自然生态系统：家畜吃残余食物，比如掰下来的菜叶子和堆肥；反之，它们又为作物生产肥料，为食物链提供另一种营养源。如果这个系统设计得合理的话，喜水的生物就可以在水培箱里存活，而且几乎不需要辅助设施。

垂直农场同时也是各种各样的回收中心，它们可以从附近的企业有偿回收废水和堆肥，再把这种“废弃物”变成清洁水或者各种食物。以前被称为“垃圾”的东西在这里变成了有价值的商品，对城市的健康运行产生了重要意义——这很像自然界的运行方式，用一部分系统产生的废物滋养系统的另一部分。

把食物的生产（至少一部分食物的生产）搬进城里，一些闲置农田就可以重返自然状态。这些地方就可以再一次为人类和地球提供有价值的生态系统服务——促进生物多样性、吸收水分和隔绝碳排放。各种休闲机会也可以移入这些空间，为人们工作和娱乐活动提供新的场所。

吸引人们建造垂直农场的一个重要原因是目前所有的技术条件都已经具备。但还存在一个严峻的问题：城市的冬天会有日照缺乏或不足的问题，如果不能用太阳能，这些农场可以用比较经济的方式生产光照吗？LED灯的出现和其他新技术的进步是解决光照问题的关键，可以给漫长而黑暗的日子带来光亮。

仅仅靠垂直农场可能还不足以形成城市的自我供给，但它可以为其他城市农业创意项目和更广泛的可持续发展努力提供强有力的补充。尤其是在寒冷和恶劣的天气里，它可以回收再利用当地的废物流，也可以增加城市食物供给的多样性。城市农业的成功靠的只是大家早已熟悉的概念加上无数次的尝试。假以时日，设备和技术会日益精进，新的建造技术会更加便宜，产出也会更高效。人类的大智慧岂能被一个小小的挑战所吓倒！

（杨晨音译）

注释：

① 垂直农业，2010，p.5。

② 垂直农业，p.26。

**作者简介：**

琦拉·亨特（Kira Hunt），阿尔伯塔省埃德蒙顿市IBI集团公司景观建筑技师。

“垂直农场每一层的、每平方英亩的产能相当于传统土壤种植的10—20倍。”

图 / 重敏·南

# 复合地权和单排商业区的再开发

□奥利·林诺维斯基

虽然单排商业区常被认为是适合再开发的场所，但是，一方面它们为处理现有设施功能和产权结构的复杂性提供了经验教训，另一方面它们也提供了经验借鉴，即如何把再开发过程中的绊脚石转变为鼓励企业类型多元化的手段。

北美洲不少城市正通过吸取零售商铺的成功经验来制订策略，试图鼓励人行道活动的开展。新的混合功能的项目往往想尽办法去吸引租客，在多伦多地区，大多数战后建成的单排商业区空置率都很低（见图1）。在研究这些单排商业区的再开发潜力时，我们发现它们的建筑形式特征适合多元化的企业进驻这些商业空间，尤其是一些小商户或少数族裔企业。同时，单排商业区可提供价格实惠的单元用于出租，部分原因在于它们是视觉上较为陈旧而低级的零售空间。这些单排商业区的特殊建筑形式特征给再开发增加了难度，然而，正是这种特殊建筑形式更有助于它们在创建平价和易于进驻的商业空间上获得成功。

## 再开发的绊脚石

与较大型购物中心开发项目相比，单排商业区零售商铺是一连排商业房，一个单元通常有一到两个停车位作为和街道隔离的缓冲区（见图2）。这种开发形式造成了相对狭窄的地块，甚至个别单排商业区还有一条通往商铺的后巷。在研究多伦多单排商业区的集约化可行性时，住宅和商业用地开发商都认为，就住宅和混合功能项目开发的经济效益而言，在这样的小宗土地上开发房地产存在难度。由于最小基地进深被视为开发营利的必要条件，尤其是那些必须修建地下停车库以符合城市管理规范的区域，因此，单排商业区的集约化过程通常需要合并几宗土地来增加基地进深。

分散的土地所有权往往被认为是再开发的一个主要绊脚石。多个所有权人不仅使土地合并过程变长，而且只要有一个“钉子户”就会立刻增加开发成本，甚至让项目难以实施。我研究过的单排商业区中包含所有权分散的极端例子，那些看似连贯的单排商业区实际上有5—20位个体业主。这些战后建成的单排商业区像卖联排房屋一样卖给了个体业主，目前这些商业区多由产权人自己经营，混合了不同租赁单位和商业。和未开发土地或较大宗地块相比，普通单排商业区的个体业主数量使土地合并过程和再开发变得困难重重。

## 单排商业区的借鉴作用

尽管这些绊脚石使单排商业区的再开发看起来比较棘手，但是老旧的单排商业区在某些方面获得的成功经验也值得我们深思。除了老旧建筑的租金比较低廉之外，与其他商业空间相比，单排商业区的建筑形式和产权结构使租赁者更加多元化。在主张这些商业区的重建计划时，规划人员需要考虑这些因素。

老旧的单排商业区并没有集中控制可租赁空位，这意味着每位业主可以把他们的空位出租给任何商家。而较新的零售形式往往把空位租赁事务委托给公寓委员会或管理公司，由它们决定如何吸引“合适的”租户，或者拒绝不受欢迎的商家。有时候一些新商铺被人为标高价格以阻止边缘商家进驻，因为管理者宁愿让铺面空置，也不愿意那些影响停车、增加噪音或引发其他问题的商家入驻。

由于新零售空间控制严格，单排商业区租赁者鱼龙混杂的现象——如临街教堂紧挨着理发店和裁缝店——几乎不可能出现在新建成的商铺里。也正是因为这些控制行为，混合功能建筑的新商业空间通常设有办公区域（见图3），有时它们的顶层还被改成普通住宅的房型。尽管这类改造会对周边街道和街区的特色产生显著影响，但是政府很难控制这些行为。

比较而言，单排商业区零售商铺也具有单元面积相对较小的特点。混合功能建筑里的新商铺面积可达4 500平方英尺，远远大于单排商业区平均1 000平方英尺的面积。再加上这些新商铺通常只供销售而非租赁，这意味着一些小企业主无力承担新商业空间的高价。由于旧大楼的低租金现象不可复制，那么确保新开发项目持续提供多种面积单位——包括小型商铺——是支持企业类型多样化的途径之一。

由此可见，单排商业区的复兴策略应该努力效仿历史上成功的做法——多地界线、复合地权和非集中控制。这些特性使商业体系的灵活性更大，而商业区的多样性和活力感也终将更上一层楼。

（陈淑莹译）

**作者简介：**

奥利·林诺维斯基（Orly Linovski），加州大学洛杉矶分校的博士生。

图1　零空置和租户高度多元化的多伦多单排商业区

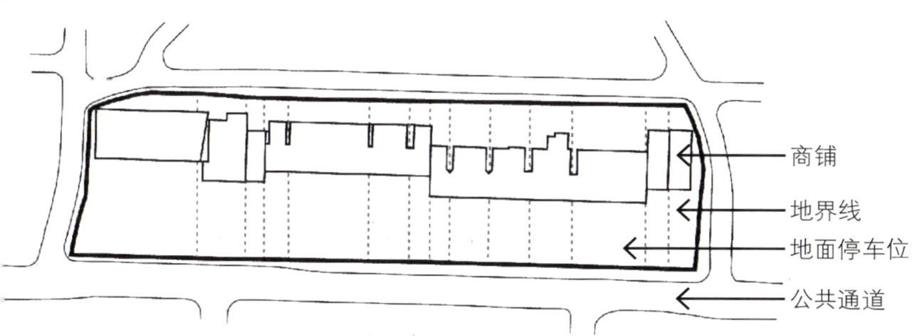


图2　典型的单排商业区建筑形式图解

图3　带有办公区域的新商业开发项目

# 单排商业区复兴的行业动态

□艾伦·邓纳姆-琼斯

“单排魅力”等大赛促使规划者去想象类似单排商业区这种过时的商业用地的种种可能性——当然不只是理论上，但“真实世界里”的社区、开发商和民众早已意识到了这些空间带来的挑战和机遇。

在我和琼·威廉姆森（June Williamson）合著的《郊区化改造：郊区再设计的城市设计方案》（*Retrofitting Suburbia: Urban Design Solutions for Redesigning Suburbs*）①一书中，我们记录了成功改造的单排商业区、封闭式购物中心和商务花园等创新案例。我们把翻新改造案例按照以下三种主要策略进行归类：重新选址后具有更多的社区服务功能；再开发为更大的城市用地；恢复绿化后建成公园、社区花园或者绿化基础设施。

不少单排商业区经过重新选址后坐落于学校、政府办公楼和教堂边上。然而，在我们数据库的40个项目中，面积在3—6英亩的较旧的单排商业区有一个非常明显的趋势——它们选择与目标餐馆和咖啡吧为邻，而不是以便利服务为主的零售店。这些单排商业区在改造时翻新外立面，增设户外座椅，把屋后也改装成新的门面，给街区创造“第三空间”，即为2/3美国郊区无子女的居民提供社交机会和夜生活——这个比例还在继续扩大。俄勒冈州凤凰城的La Grande Orange和奥斯威格湖市的Lake Grove是两个典型的例子。

单排商业区经过重大改建后成为混合功能区，往往需要大量人流和活动，这样可以显著增加密度。值得一提的重建例子有占地面积15—20英亩的较大型单排商业综合体，如加利福尼亚州圣荷西的Santana Row；几个小型单排商业区合并成新商业区，如明尼阿波利斯市边上的Excelsior and Grand；或列入较大型走廊改造规划的那些单排商业区，如弗吉尼亚州阿林顿市的Columbia Pike。尤其在引入公共交通之后，取代单层商业中心的5—12层建筑随处可见，对接新林荫人行道，或形

图 / 斯科特・瓦尔加

成新公园和广场。

虽然恢复绿化的项目并不多，但是人们越来越认识到这些项目对未来发展的促进作用。比如说埃姆斯湖的重建项目，就是在明尼苏达州圣保尔郊外废弃的费伦购物中心原址上投资的湿地恢复项目。而后，“湖畔房产”概念一经提出，就吸引了40多年来第一次私人对低收入街区的新投资。自此之后，在2009年，俄亥俄州的哥伦布市拆除了一个废弃的城区购物中心，为哥伦布公共公园让路，希望一旦经济复苏，这个公园能吸引城区房产向外围发展。项目的第二阶段已于2012年破土动工。

虽然单排商业区的改造存在诸多阻力，但它们应是郊区改造的初步成果之一。对于那些地理位置良好却不受待见的廉价建筑以及被“毫无吸引力的商铺”包围的空间，恢复绿化、增加密度或者巧妙改造的机会颇多。我希望这个问题能激励更多的规划者、开发商和社区迎接挑战。

（陈淑莹译）

注释：

① 约翰威立（Wiley & Sons）出版社，2009年出版，2011年修订再版。

**作者简介：**

艾伦・邓纳姆–琼斯（Ellen Dunham-Jones），美国乔治亚理工学院教授，城市–区域研究中心区域规划演讲者系列（RPSS）的演讲嘉宾。RPSS旨在向官方呈现他们在各个领域内联系的公众、学者、社区成员以及利益相关者，并向官方传达区域思维和强劲可持续发展的情况。

艾伦在2012年1月的讲话内容以及在埃德蒙顿举办的郊区复兴工作坊内容详见：http://www.crsc.ualberta.ca/Events%20Archive/2012-01-26-RetrofittingSuburbiaPresentation.aspx。

本文是《单排魅力：重塑单排商业区》（*Strip Appeal: Reinventing the Strip Mall*，2012）一书序言修改后的节选。

图 / 城市–区域研究中心

# “单排魅力”实践：
## 派多利亚商业中心

□斯科特·瓦尔加

### 背景

派多利亚商业中心位于阿尔伯塔省埃德蒙顿市南部，是20世纪60年代的一个单排商业区，曾经，它受益于周边三个社区——格林菲尔德、皇家花园和阿斯彭花园。据2009年人口普查统计，三个社区的人口总计为9 024人。随着时间的流逝，派多利亚商业中心每年为这个地区增加了大量的经济活动，也曾经通过日托服务、舞蹈工作室和餐饮业帮助居民融入社区，为社会的可持续发展出力。然而，现在的派多利亚商业中心已经门可罗雀，年久失修，处于破产和破产接管的状态。

解决办法似乎很简单：把商业中心重新开发为一个能满足街区居民需要的现代中心。令人遗憾的是，事情远非想象的那么容易。派多利亚商业中心的财务状况颇为复杂，埃德蒙顿当地的艾恩伍德管理公司拥有土地权，并且已经把土地和商业中心租赁给了另一家公司，租期100年。目前出借人已经对租赁人进行了止赎，商业中心直接进入破产接管流程。更复杂的是，还有相邻房产的第二产权人问题——该房产包含了商业中心经营的便利商品和酒水店，同样可以对商业中心的改建问题指手画脚。

### 派多利亚的衰落

为什么派多利亚商业中心会日渐衰落？自20世纪60年代以来，一批相当稳定的顾客群体支撑着商业中心，这一群体现在仍然需要就近区域的便利设施为

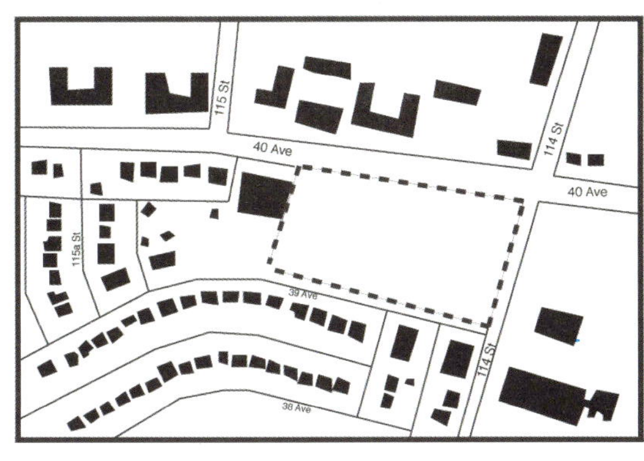


图1 派多利亚商业中心地图——用于收集信息，包括与会者想看到的建筑物位置、交通规划以及所有坐落于此地的开放空间和公共便利设施。

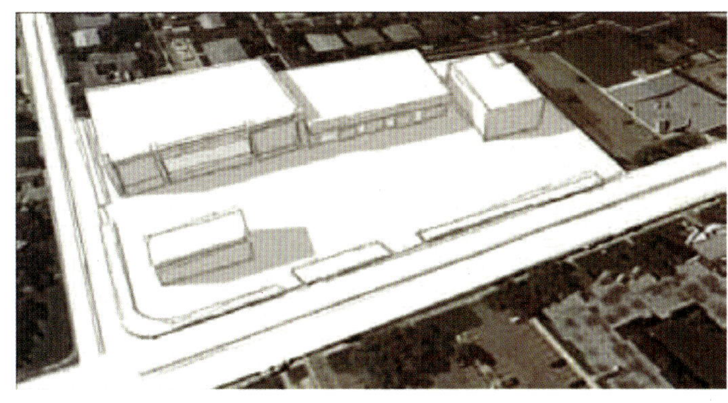

图2 派多利亚商业中心轴测图——用于呈现商业中心的现有实体元素，方便与会者从空间安排的角度绘制变动内容和变动走向。

他们提供服务。先前的租赁人原本计划对派多利亚商业中心进行再开发，然而这个设想一直得不到落实。最终，期盼中的便利设施未曾出现，社区也因此遭受不便。长久以来，这个商场就存在着商业发展不平衡的现象。此外，那家食品杂货连锁店喜互惠因为拥有一份长期异议备案[①]，所以在过去很长一段时间里一直盘踞在商场里。一旦这份异议备案被废止，一些食品杂货零售折扣店就会进驻这个破败的商业区，但也是来了又走。这里的一家汽车维修店曾经是郊区商业中心的商业指标，但现在已经永久歇业。到目前为止，这家店既没有拆除，也没有其他商铺重装入驻。而目前最成功的两家商铺是主营外卖业务的披萨店和录像带租赁店。随着娱乐租赁业的数字化，录像带租赁店的日子也举步维艰。鉴于此，社区急需一个重新焕发活力的服务和零售购物中心，而这两家商铺也许可以给社区一点启发。

## 共商复兴大计

历经曾经的活力和如今的衰败后，社区居民认为是时候构想他们对未来派多利亚商业中心的共同愿景了。很多社区成员都是长住居民（居住时间一般超过了30年），他们把翻新改造购物中心当作自己的义务，想让这个滋养和培育了家族血脉的社区成为大家养老的选择。2013年2月2日，派多利亚商业中心规划会成立，它标志着大家的呼吁开始转变成实际行动。成立大会在格林菲尔德社区联盟大厅举行，并得到了城市–区域研究中心的帮助。在设计研讨会上，阿尔伯塔大学的托里首席教授、城市–区域研究中心主任罗伯·希尔兹带领一队项目推进者参会，和与会代表通过图示讨论商业中心周边社区对该地块的需求，并一一做了记录。此后，由城市–区域研究中心编纂的《单排魅力》一书出炉，为这项工作奠定了基础。该书以城市–区域研究中心的同名国际创意大赛的胜出者方案为蓝本，为社区重塑和当地单排商业区的再开发提供资料借鉴。

设计研讨会是一场高度互动并有社会人士参与的活动，旨在探讨如何解决眼下的问题。在互相协作的背景下，与会者对几种提案进行了形象的描绘和详细的阐述。此次派多利亚商业中心规划会议的与会者约70人，每桌8—10位参与讨论，每人领到该地块的一张航测图、一张建筑体量图（见图1），以及一张让与会者进行重新规划的已有建筑模型轴测图（见图2），便于大家在讨论过程中对这个地块有空间概念。这些图表方便了与会者边写边画，阐述派多利亚商业中心需要改变的或者可以保留的部分。

## 设计规划

在综合各方的设计理念后，与会者有了一些主题思想的雏形。一些规划设计思路被数次呈上桌面进行讨论，它们不仅可以促进社会的可持续发展，而且有助于社区建设。与会者都强烈希望这个规划能包含这样一些场所：便于社区居民约见的咖啡吧、做本地生意的餐饮服务业、可供娱乐消遣的绿色空间，以及食品生产和社区建设的场所。归根结底，上述思路源于居民想要实现由附近大部分居民经营的本地小企业蓬勃发展的心愿。从规划的角度看，居民不仅希望改造现有设施，而且提出要拆除部分建筑并建成规划中的目标设施。与会者一致认为，虽然派多利亚商业中心规模中等，并且允许灵活地使用土地，然而从经济能力上考量，增加商铺密度是目前可行的办法。最后混合功能建筑项目提案获得了全体成员的认可，毕竟建成一个充满活力的社区中心是民心所向，它既可以方便所有居民，又能最大程度上利用已有空间。

（陈淑莹译）

注释：

① 异议备案用来记录那些不能登记在产权证书上但又实际存在的权利。

**作者简介：**

斯科特·瓦尔加（Scott Varga），城市–区域研究中心成员。

# 健康宜居城市的建设与启示

□袁媛　丁凯丽

党的十九大报告提出“永远把人民对美好生活的向往作为奋斗目标”，将满足人民美好生活意愿落实到宜居城市建设上，成为城市共同的发展目标。城市宜居建设的重要目标之一是建构健康城市。本文在梳理宜居城市内涵的基础上，结合国外健康城市建设案例，从物质环境和社会环境两大方面探讨了健康城市的建设路径，并对中国健康城市建设提出了富有启发性的建议。

## 1. 引言

中国城市发展由重视人口、空间扩张和经济增长转变为注重生活质量和内涵提升。党的十九大报告指出：“我国社会主要矛盾已经转化为人民日益增长的美好生活需要和不平衡不充分的发展之间的矛盾”；“人民美好生活需要日益广泛，不仅对物质文化生活提出了更高要求，而且在民主、法治、公平、正义、安全、环境等方面的要求日益增长。”[①]对我国社会主要矛盾变化的判断，意味着中国城市进入了后工业化的生态文明时期，进入了以更美好生活为核心追求的新阶段。报告同时指出：“永远把人民对美好生活的向往作为奋斗目标。”[②]如何将满足人民美好生活的意愿落实到宜居城市建设上，成为城市共同的发展目标。

## 2. 健康宜居城市内涵

人类对宜居城市的探索由来已久，从田园城市、邻里单位理论，到新城市主义、城市复兴理论等，都体现了对美好生活的向往。世界卫生组织（WHO）总结满足人类生活需求的条件，提出了适宜居住的基本理念，包括安全性、舒适性、便利

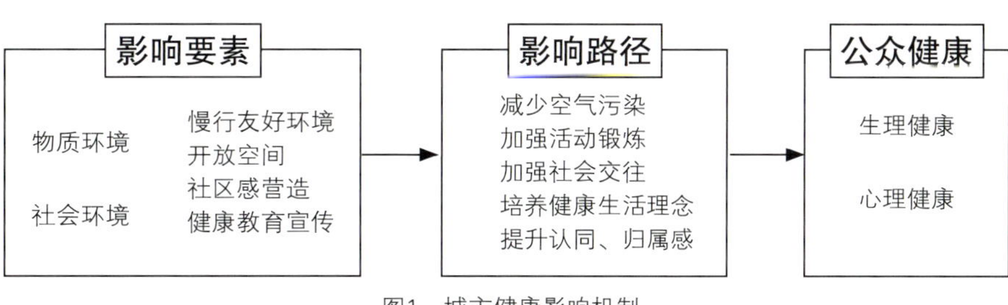


图1　城市健康影响机制

图2 “+15walkway”双层天桥

性、健康性。围绕宜居城市的内涵，世界各大都市都在持续努力。《纽约2040》提出保持经济繁荣的同时建构更公平公正的社会，对全体市民的健康和幸福负责；《悉尼2036》提出要建设“一个伟大的宜居之地”；《北京城市总体规划2016—2035》提出“建设国际一流的和谐宜居之都”。

随着中国城市化进程的迅速推进，城市公共健康问题日益受到关注，已成为影响城市宜居的重要因素，满足人民美好生活向往，其中的一个主要条件即是保障与提升居民健康水平、构建健康生活环境。1984年WHO第一次提出“健康城市”概念，即“健康城市是由健康的人群、环境、社会有机结合的整体，通过不断改善环境，扩大社区资源，使城市居民彼此支持，以发挥最大的潜能③”。公共健康与城市规划、建设和管理休戚相关，健康城市理念的推出，使得全世界的城市都关注到了城市各个层面对健康的影响。物质环境与社会环境对居民的生理、心理健康有着深远的影响，本文将从这两方面探讨相应的健康城市建设路径（图1）。

### 3. 健康城市建设路径及案例

健康城市理念最早起源于加拿大④，随后在欧

图3 凯马自行车道地图

图4　凯马滨海步道地图

图5　纽约部分土地混合利用示意图

洲、美国蓬勃发展。20世纪80年代末90年代初，澳大利亚、新加坡、日本等国家也加入了健康城市建设行列，使之成为全球趋势。影响健康的各种因素不仅局限于公共卫生范畴，而且包括了土地利用、交通网络、服务设施、社会环境等部门的协同建设。

### 3.1 物质环境

居民身心健康需要物质环境支撑，营造有利于健康的交通出行环境、公共空间等，鼓励居民将健康的生活方式融入日常生活，缓解环境压力与公共健康危机。

#### 3.1.1 慢行友好环境

鼓励步行、骑行等慢行交通方式有利于减少机动车出行，减轻环境污染，并鼓励居民将体育锻炼融入日常生活，缓解肥胖、糖尿病等公共健康危机。慢行可舒缓肌肉与神经，减轻紧张焦虑等负面情绪，预防抑郁症等心理疾病[⑤]。慢行环境更有利于开展社交活动，良好的人际交往对居民的心理健康十分有利。

营造步行、骑行友好环境，涉及高效混合的土地利用、道路交通等要素的规划设计。土地的混合利用有利于交通需求的内部化，多元功能的混合开发可以缩短出行距离，通达宜人的道路系统可以引导居民选择步行或骑行。

道路交通方面，《健康洛杉矶建设手册》提出了建设安全、互通的人行道网络；根据土地类型、街道与社区特征等设计人行道宽度；增加十字路口连接人行道，使步行更便利；降低车速，营造安全的街道；根据城市肌理配置合适的自行车道，如混用车道、专用道等。加拿大卡尔加里的立体慢行街区“+15walkway”，是一个通过天桥连接城市中心区二层商业、办公、公共建筑的空中步行系

图6　纽约“夏日街道计划”

图7　活动场地中的彩色儿童标识

统，因其高度不低于15英尺，故得此名（图2）。系统提高了建筑之间的连通性，缓解了人车流线冲突，寒冷季节里居民仍能享受步行的舒适，同时休憩设施、景观窗等设计也丰富了城市公共空间景观。澳大利亚凯马市因地制宜地建设了滨海步道及自行车道，在政府及旅游中心都有详细地图提供（图3、图4）。瑞典哥德堡为了改善城区人行环境，规划在人行道提供良好的照明、休憩长椅和垃圾桶等便利设施，修剪并营造多样的植被景观。

土地利用方面，纽约的《城市公共健康空间设计导则》建议尽量在土地利用规划中混合住宅、办公、零售、学校、娱乐设施等功能（图5），加强市场、零售店到居住区之间步行、骑行通道的通达性与安全性，尽可能使居民能方便地到达慢行通道与滨水空间。新加坡的淡滨尼新镇实行土地的高密度开发，邻里中心服务半径不超过400米，将步道和自行车网络与住宅楼、交通站点、公园等节点串联并延伸至其他新镇[⑥]，适宜的步行距离和公共交通高使用率能有效减少汽车出行。

3.1.2 开放空间

公共开放空间，包括公园、街道、绿地、活动场等，为人们提供了体验自然、进行体育锻炼和休憩放松的场所。开放空间的合理布局可以提高可达性，配合运动、娱乐设施的设置可以增加居民外出活动锻炼频率。研究表明，靠近公园和其他娱乐设施与居民的活动水平及体重健康状况有较强的联系。开放空间中绿地的规模效应也可以有效地清洁空气，控制污染。

纽约在曼哈顿帕克大道上开展“夏日街道计划”，某些周末禁止机动车通过，只开放给行人和非机动车（图6）。此外，还有设计适宜儿童健康活动的场所，在活动场地中设计清晰的标示系统（图7）；学校里的日常体育锻炼场地，适时开放给社区使用[⑦]等。丹麦的霍森斯构建了“绿色结构计划”，在城市南部开发休闲森林区，方便城市居民享有绿色空间；在郊区建立休闲绿道，为居民提供锻炼、娱乐区域。

3.2 社会环境

健康城市的特征不仅在于高质量的通达宜人的物质环境，还要致力于社会环境的营造，包括居民对影响健康决策的参与、对社区的归属与认同、健康教育宣传等。社会交往、信任、支持以及社区参与能使人获得情感的归属和认同，从而缓解居民的心理问题[⑧]。而社会隔离，则会使边缘化、受剥夺的居民在资源分配中处于弱势地位，因难以获取相应的资源与服务而影响健康。

在社区营造方面，澳大利亚凯马市实施新居民欢迎项目和现有居民信息共享项目；支持地方社团及社区部门吸引并维持会员；举办论坛分享信息、促进合作；社区定期举办体育活动，重点是面向老人和儿童；社区成员参与社区生活和决策，创造平等机会，确保居民获得社区机构提供的服务等。挪威的桑内斯实施了一项“儿童足迹项目”，记录儿童的游戏和移动路径区域，将对这些区域的感知纳入规划，提高儿童对社区的认同。

宣传教育方面，哥本哈根为推广自行车出行，塑造知名人士骑行的形象，让自行车出行成为公共健康运动的标志；举办系列自行车出行活动和比赛；针对儿童培养安全意识、进行交通法规教育，相关社会机构提供自行车训练和辅导。凯马市实施社区安全教育，包括对住宅泳池进行常规检查、开展冲浪安全和防溺水教育；以及在社区进行道路安全教育；为特殊机动车辆的驾驶员制订教育计划等。

## 4. 中国健康城市建设的建议

健康城市建设是一个渐进的过程，既要有健康导向的物质环境规划，又要有利于提升健康水平的社会环境营造，更强调多部门协作和社区参与。

### 4.1 健康导向的物质环境规划

当前我国健康城市建设对前期规划重视不足，缺乏以健康为核心的规划目标与设计导则。在未来的健康城市建设中，应建构以健康为导向的物质环境规划体系。在宏观层面的战略与总体规划中，明确健康城市目标；在中观层面的控制性详细规划阶段，将影响健康城市的要素（慢行系统及网络化、土地利用混合度、开放空间的布局、健康设施配置等）落实到空间层面，并制订相关设计导则；在微观层面，结合具体项目实施，塑造健康的物质环境。

### 4.2 健康的社会环境营造

健康城市的建设目标也应包括提升社会资本，促进社会融合与社会公平，建设安全、联系紧密的社区等，这里涉及城市规划、社区管理等多方面内容。城市规划可以通过合理配置公共设施以促进社会公平；提供公共空间平台，以促进居民的交流与互动。社区管理中加强社区网络建设，促进社会融合，改善精神健康；从居民切实的需求出发，在参与决策的过程中提升居民的认同感与归属感；积极开展宣传教育，培养居民健康的生活理念与生活方式。

### 4.3 多部门协作与社区参与

健康城市需要多部门的共同协作，应重视城市健康的全面性和综合性，从公共卫生向环境、交通、教育等领域拓展，并整合来自政府、机构、公众等多方位的参与；应鼓励社区的充分参与，将创建健康社区作为落脚点，这既符合WHO提出的社区赋权原则，也有利于发挥社区服务在健康城市建设中的重要作用[⑨]；同时，还应该建立意见征询与评估监督机制，不断修改完善健康城市的建设措施。

注释：

① 习近平. 决胜全面建成小康社会 夺取新时代中国特色社会主义伟大胜利——在中国共产党第十九次全国代表大会上的报告[R]. 2017

② 张文忠. 宜居城市建设的核心框架[J]. 地理研究, 2016，35（2）：205—213.

③ 王兰, 廖舒文, 赵晓菁. 健康城市规划路径与要素辨析[J]. 国际城市规划，2016，31（4）：4—9.

④ Hancock，T. Health，Human Development and the Community Ecosystem：Three Ecological Models[J]，Health Promotion International，1993，8（1）.

⑤ 向剑锋，李之俊，刘欣. 步行与健康研究进展[J]. 中国运动医学杂志，2009，28（5）：575—580.

⑥ 陈静媛. 健康城市规划理论与实践综合评述[D]. 深圳大学，2017.

⑦ 李煜，朱文一. 纽约城市公共健康空间设计导则及其对北京的启示[J]. 世界建筑，2013（9）：130—133.

⑧ 袁媛，林静，谢磊.近十五年来国外居民健康的邻里影响研究进展——基于 CiteSpace软件的可视化分析[J].热带地理，2018，38（X）.

⑨ 杨玉洁，雷海潮.国外健康城市建设的新进展与启示[J].医学与社会，2016，29（08）：33—36.

**作者简介：**

袁媛，中山大学教授、博士生导师，中山大学城市化研究院副院长，中国城市规划学会青年工作委员会副主任、学术工作委员会委员。

丁凯丽，中山大学2017级硕士研究生。

# 宜居城市：

# 小居住与大生活

□胡小武

宜居城市，当然不是简单地以“小居住”为中心，而是以所有市民的“大生活”为核心。宜居城市，既要有能够让老百姓承担得起的价格合理的住房，还要有让老百姓安居乐业、创新创业、出行平安、环境舒适、精神放松、心态健康、老少喜乐、人际和谐、邻里守望、从容恬静的城市生活氛围。这种城市生活氛围是宜居城市的理想状态，值得我们为之努力。所以，一座理想的宜居城市，是人类社会文明进步的标尺，接近理想形态的城市，就是一座宜居之城。

纽约古根海姆博物馆儿童教学参访团

宜居城市要有适宜孩子成长的良好环境，Livable for the children。儿童是世界的未来，很多人选择城市，都会考虑其环境是否有益于孩子的上学、就医和成长。一个城市，能否提供孩子从生育、保育、托儿所、幼儿园、小学、中学乃至大学教育的优良条件和负责任的支持；能否为儿童成长提供有吸引力的运动、休闲、游乐园、运动场、博物馆、图书馆等设施；能否为儿童的人身安全、身心健康提供足够满意的保障条件，是获得家长认同和赞誉的重要内容。那些能够为儿童提供优质成长环境的城市，往往令人心生向往。比如纽约，在中央公园开辟了20多个供儿童娱乐玩耍的封闭式运动场，有软体地面和牢固的运动设施，深得孩子们喜欢，吸引了周边的居民和无数来自世界各地

纽约中央公园草地与步道密布

的孩子和家长。美国丹佛市公立学校设计的学习型景观也颇受孩子们喜爱。所以，营造孩子们喜欢的学校、运动场、公园和博物馆，建设适应儿童成长的城市环境，是宜居城市当然的诉求。

宜居城市要适宜老年人生活，livable for the old。让老年人能够快乐地安度晚年，不仅是老人的需求，更是子辈的需求。管理学思想大师彼得·德鲁克（Peter Drucker）的社会管理理论认为，凡是关于老年政策的议案，都能够快速达成共识，因为人人都会变老，人人都将受益。虽然从理念上容易取得共识，但在实际生活中，我们却经常看到，由于不少城市的新马路建设得过宽，过街红绿灯时长过短，或地下过街楼梯过长，人行街道过于拥挤，公交车过于颠簸且上下困难，公园供人休息的座椅缺乏、医院看病排长队等原因，导致老人们惧怕出门，更多待在家

坐在轮椅上的老年人参观者，纽约大都会艺术博物馆

纽约中央公园内的一处儿童游乐场

纽约中央公园的棒球场与草地休闲

中。所以，尽管我们的老龄化水平非常高，有超过2.4亿60岁以上的老年人口，但我们在大街上却较少看到老年人出行。因此，要成为一座宜居城市，需要有支持性的政策和设施，让老人出得了门，上得了街，进得去公园，看得好病，吃得起饭，住得了养老院，葬得了好墓园等。唯有如此，才能称得上一座适宜老年人生活的宜居城市。

宜居城市要适宜步行，livable city as walkable city。步行城市不仅是环保需求，更是人性关怀。杰夫·斯佩克（Jeff Speck）在其《步行城市》（*Walkable City*）一书中提出："步行不仅是目的，也是手段和措施。因为步行的身体和社会回报非常丰厚，步行不仅对城市活力具有重要的建构功能，它还是城市活力最有价值的指标。"步行是对人的健康关照、安全关照和社会回报。适宜步行的城市，对老年人、儿童和所有市民都是一种慢生活的支撑。如果一座城市能够开辟更多安全的街道人性步道、公园休闲步道、社区步道和步行街区，那么一定能够吸引市民走出家门，走向社区，并走向城市的公共生活体系。这也就是斯佩克所说的对城市活力有着重要的建构功能。无论从居住生活、休闲生活和公共生活而言，宜居城市都需要有更多适宜人们步行的空间，如此才能让市民们真正享受城市生活。

宜居社区需要有更多宜人的公园。公园是公共属性的，是提供市民娱乐、休闲、放松和社交的场所。城市生活为什么比农村生活更具有吸引力？公园是一大优势。乡村社会是没有公园的，田野是农民的生产场地，是劳作的地方。只有城市公园能提

纽约公共图书馆bloomingdale分馆一角

供给市民纯粹的休闲、娱乐、运动和放松身心的场所。在“现代园林之父”弗雷德里克·劳·奥姆斯特德（Frederick Law Olmsted）的眼里，“公园是城市文明的象征，是城市环境的组成部分”。他秉持这一理念设计的纽约中央公园，有长达180多千米的步行道和自行车道、1.2万人的公园座椅、24个棒球场、20个网球场、7个湖泊、200多片供人休闲的草地、21个儿童游乐场，1个动物园。以休闲、运动为宗旨的公共设施，以及公园的公共性、可及性和开放性，150多年以来，仍无法超越。并且，中央公园形成的都市公园品牌，是纽约城市活力的重要符号。所以，衡量一座城市是否宜居，要看是否有足够多、足够好的公园，公园是否能最大程度地满足市民的休闲和运动需求，是否有良好的设计和生态涵养功能，是构建宜居城市十分重要一环。

宜居城市最好每个社区有一个街区图书馆。图书馆是一个公共文化空间，是市民阅读及儿童学习的重要场所。要提升一座城市的宜居水平，建设更多面向市民的图书馆公共空间，是增进城市文明、提升城市心灵健康、丰富市民精神文化生活、提高城市生活幸福感的重要公共政策。以美国第一大都市、830万人口的纽约为例，纽约公共图书馆、布鲁克林公共图书馆、皇后区公共图书馆这三大公共图书馆系统，在纽约五个区共设立了214个街区图书馆，平均每四万人就有一个图书馆。纽约图书馆全年开放时间近360天，绝大多数街区图书馆平均日占座率达到70%以上。这214个街区图书馆为纽约市民提供了一个充满书香的精神文化空间，大大提高了纽约的人文素养，助推了纽约作为世界文化之都的美誉。纽约之所以具有全球吸引力，与其

曼哈顿河滨公园的路边休闲长椅

纽约曼哈顿华盛顿广场公园的钢琴弹奏表演

众多的街区图书馆很有关系。随着中国城市化进程进入中后期阶段，富裕起来的、拥有更多闲暇时间的、更加注重文化内涵的市民群体的成长，其精神文化需求一定会越来越多，越来越高。因此，建设更多的街区型或社区型的公共图书馆，将是衡量中国宜居城市的重要指标。

宜居城市需要全方位的社区服务。城市生活是多元的，也是复杂的。特别是现代城市，家政服务、物业管理、社会保障、就医照料等生活需求要求多种多样的服务。虽然很多日常服务项目可以通过市场化的方式，或利用网络在线办理，但还有不少老人的服务需要在社区体系内得到解决和满足，比如在电子商务发达的时代，快递包裹的寄送与收取。一座宜居的城市，当然需要有与时代需求相匹配的便捷高效的社区服务。又比如居民与小区物业管理产生的各种冲突，给日常生活带来很多烦恼，有些还得诉诸司法途径。这些都是当前中国社区服务领域的突出问题。并且，中国的城市化还在持续，老年人口、国外人口、外来人口、农民不断转化为新市民等，各种新生的社区生活需求也在不断增长，能否提供基于社区层面的全方位服务，既是考验城市治理现代化的重要内容，也是衡量城市是否宜居的重要标志。宜居城市一定要 “以社区服务为中心”，提升服务供给能力和水平，这是应对和满足“人民日益增长的美好生活需要和不平衡不充分的发展之间的矛盾”这一新时代社会主要矛盾的重要手段。

纽约街头人行道、自行车道、停车道、行车道、斑马线的交通系统

宜居城市需要有良好的生态环境。宜居城市，生态为本。城市生态环境的品质是一座城市健康生活的基本保障。生态环境的宜居性，包括城市生态涵养能力强、绿色景观丰富、洁净的空气和水体、清洁的街道和城市社区环境等要素。然而现代城市因工业化、汽车尾气和高密度人口生活等因素，导致城市居住环境越来越恶化。这也是中国城市化面临的最大的问题之一。比如城市雾霾、灰霾、尘霾问题，城市空气恶浊现象，城市河流湖泊水体的污浊化问题，城市脏

乱差等日常环境秩序问题，都给城市的宜居环境埋下厚重的隐患。我们特别强调日常生态环境的品质，希望不能只有“Apec蓝”“奥运蓝”这种特殊时期的好环境。现在越来越多的人重视健康，对城市生态环境的要求和期待亦越来越高，不少人因此而迁移到环境品质更高的城市居住和生活，甚至很多国人因为生态环境问题而移民国外。所以，我们应该打造更多的宜居城市，要从大生态、大环境、大系统层面重视生态环境的保护和提质问题。

宜居城市需要宽容失败，鼓励创新。亚里士多德的名言：“人们为了生活来到城市,人们居住在城市是为了生活得更好。”城市是一个可以让人谋生和谋幸福的地方，特别对青年人而言，城市意味着更多机会。中国城市化进程，本质上就是一个不断吸引人口进城就业、谋生、定居以及不断增强宜居水平的过程。亚里士多德的名言，放在今天的社会环境中，可以解读为城市可以让人有更多选择自由、更多创新和创业的机会。一座宜居城市，首先是一座可以让人获得工作机会的城市，那么这座城市就需要有较好的城市经济体，还要有鼓励创新、宽容失败的社会文化氛围，可以让各种不同的人在职场上不断试错，最终取得成功。一般而言，城市人口越多，规模越大，越容易形成这种文化氛围。就如沃斯（Wirth）所说，城市的人口规模越大，密度越大，城市人的异质性越高。异质性越高的地方，宽容度越大。从这个层面而言，城市必须要有一定的规模，才能拥有完善的经济、文化、社会和人口结构，从而更容易培育出宽容失败、鼓励创新的城市氛围。

宜居城市需要有社会活力和文化张力。人们聚居于城市，不能陷入马克斯·韦伯所说的“理性牢笼”，不能形成齐美尔所说的“都市冷漠”，人们需要参与各种公共生活，有人与人之间的交流互动。所以，城市需要提供各种社会活动的平台，需要建设广场、草地、公园、文化艺术中心、剧院、电影院、博物馆、美术馆、图书馆等各种城市公共空间，并鼓励在这些公共空间中开展各种以市民为主体的社区活动、文化活动和休闲娱乐活动，更好地建构城市的宜居性。实际上，鼓励市民走出家门，积极参与社会活动，既能降低孤独感，增加社会融合感，也能增进城市社会的微观活力和文化张力，最终让市民形成一种城市认同感和生活充实感，从而热爱这个城市。具有很强的社会活力和文化张力的城市，一定是受到广泛认可的宜居城市。

宜居城市要让人有安全感。安全感是人类生活最基本的需求，特别在社会结构变迁加剧的时期，人们的各种不安全感也有加剧的趋势。食品安全、药品安全、环境安全、交通安全、社会安全、职业安全、财产安全等问题，几乎都或弱或强地威胁着城市居民。不安全感成了一种典型的现代城市病。建设宜居城市，需要有一种系统的安全理念，通过城市治理现代化和社会安全网的建设，逐渐降低市民的不安全感。比如关于社区安全问题，简·雅各布斯在其《美国大城市的死与生》一书中曾说，应该让街头多一些报刊亭，多一些杂货店，让它们成为街道安全的守护者。这一关于城市社区安全的微观行动理念，对城市安全治理有很大启发。城市的治理者一定要把城市安全体系作为施政方略的重中之重，才能确保城市居民能够享有安全、安定、安宁的城市生活。

宜居城市，一定是能够实现彼得·霍尔所提倡的“更好的城市，更好的生活” 这一理念的城市。我们生活在一个持续城市化、城市现代化的新时代。建设宜居城市，应该秉持科学、系统、全面、微观的理念，客观检视各种治理短板，通过一代又一代的主政者和市民们坚持不懈的共同努力，让我们的城市更加宜居，更加富有活力。

---

**作者简介：**

胡小武，南京大学城市科学研究院副院长，江苏城市智库副理事长，现为哥伦比亚大学高级访问学者。

图书在版编目（CIP）数据

城迹/周宪等主编. —南京：江苏凤凰教育出版社，2018.8

ISBN 978-7-5499-7460-3

Ⅰ.①城… Ⅱ.①周… Ⅲ.①城市建设—研究—中国 Ⅳ.①F299.2

中国版本图书馆CIP数据核字（2018）第133715号

| | |
|---|---|
| 书　　名 | 城　迹 |
| 主　　编 | 周　宪　［加］罗伯・希尔兹 |
| 责任编辑 | 俞　婷 |
| 装帧设计 | 郭　渊 |
| 出版发行 | 江苏凤凰教育出版社 |
| | （南京市湖南路1号A楼　邮编 210009） |
| 苏教网址 | http://www.1088.com.cn |
| 照　　排 | 南京紫藤制版印务中心 |
| 印　　刷 | 江苏凤凰通达印刷有限公司（电话 025-57572508） |
| 厂　　址 | 南京市六合区冶山镇牡丹村6号（邮编 211523） |
| 开　　本 | 890mm×1240mm　1/16 |
| 印　　张 | 6.5 |
| 版　　次 | 2018年8月第1版 |
| | 2018年8月第1次印刷 |
| 书　　号 | ISBN 978-7-5499-7460-3 |
| 定　　价 | 45.00元 |
| 网店地址 | http://jsfhjycbs.tmall.com |
| 公 众 号 | 江苏凤凰教育出版社（微信号：jsfhjy） |
| 邮购电话 | 025-85406265，025-85400774　短信 02585420909 |
| 盗版举报 | 025-83658579 |